U0069084

圖解 2017 中國「政府工作報告」

目 錄
CONTENTS

導讀

一、穩中求進的中國發展戰略

　　儘管歷年的《政府工作報告》均一如既往，在回顧去年工作和提出來年施政部署的時候理所當然地把焦點置於國家內部，但描述外圍環境的篇幅近年卻有增無減，尤以2017 年為最。這種變化趨勢反映中央政府清晰地意識到中國已經無法孤懸於國際體系之外，外部因素必然與內部產生互動，深刻地影響著自身的發展，不可不察。的確，「改革開放」三十餘年後，中國與海外之間的生產要素流動規模與日俱增，任何改變要素流向的地區或國際形勢突變，均有機會對國內構成嚴重衝擊。與此同時，今日的中國已成為世界第二大經濟體，若參照世界銀行以購買力平價的估算，其國內生產總值甚至在 2014 年前後就超越美國，而且保持著令西方國家艷羨的增長速度，對全球經濟貢獻率超過 30%，擁有左右世界經濟走向的能力。欲尋找一席不敗之地的中國自然要通盤考慮內部及外部連鎖作用的渠道與後果。特別是在此刻國際格局深度調整之際，

準確把握外部形勢，關係到國運興衰。

自習近平和李克強主政以來，幾份《政府工作報告》均顯示中國政府關注外部而來的挑戰。誠然，中國政府在文本中發表自己對國際環境的審慎判斷，絕非甚麼新鮮的事。例如，2015 年的報告就形容國際環境「複雜嚴峻」，翌年的報告亦提到國際環境「錯綜複雜」、「極為複雜嚴峻」。惟 2017 年的報告對國際形勢的評估，可算是近年以來最不樂觀。一方面是世界經濟與貿易增速 7 年來最低，國際金融波動，外部突發挑戰多發；另一方面是國內有著多重困難。二者交接影響，形勢嚴峻。故此，《政府工作報告》所表現出來的態度是謹慎小心，認真應付，總的調子是穩中求進。

穩的關鍵是國內經濟，並由經濟因素影響國內的社會穩定與發展，乃至民生、民族等各種問題。但是中國求穩的方法，不是傳統西方所著重的經濟增長，或是單單考慮經濟供求關係與平衡，而是著重長期的增長發展，「保就業、防風險，守住金融安全、民生保障、環境保護」，是綜合的、聯動的考慮。其最大的目標是「促進社會公平正義」，發展的得益「更多體現在增進人民福祉上」。

穩的具體方法是繼續創新與加強宏觀調控。改革與宏觀調控及結構調整並不矛盾，而是相互配合。而改革就是

創新。中國改革開放幾十年的成功,在於不迷信西方的發展模式,因此沒有犯上前蘇聯東歐震盪式療法的根本性失誤。中國一直堅持改革與調控並重,也在發展中不斷調整兩者的比重和關係,並沒有盲目迷信任何教條,包括過往的經驗。

在國內經濟政策方面,這幾年提出供給側的結構改革與西方右翼經濟理論主張的供給側經濟不同,著重結構性改革。今年《政府工作報告》更將之與適度擴大總需求、加強預期引導相結合。前者是避免機械性地只看供給,不看需求,且在擴大總需求之時,使供給側改革不單只是削減生產能力,而是兩者相配合。後者更在供求關係中強調社會心理預期因素,使供求關係超越暫時的時空限制,改變為滾動式互為因果的歷史過程,且提出「引導」,點出政府與社會透過心理預期對供求關係影響的作用。

具體的措施可分兩個部分:

一是財政政策更加積極,也即是政府透過公共財政要更深地參與和影響經濟活動。貨幣政策要穩健,排除過度地用貨幣刺激經濟虛增,也防止仿效西方貨幣緊縮政策的主張。穩健不是貨幣政策中性,而是要求「定向調控、相機調控」,注重協調配合。

二是實施「互聯網+」和《中國製造 2025》等產業

政策。中國製造業已是全球最大，按生產增加值來講，已超越居第二位的美國 50% 以上，也高於日本、德國合起來的規模。從發展的角度看，中國製造業已經攀過「追趕」（catching up）階段，進入「後追趕」時代。怎樣從抄襲演進至自主創新工業化的國家，乃一個巨大挑戰。過往發達經濟都傾向以服務業替代製造業的非工業化戰略。雖然企業利潤可以繼續提升，卻會對本國的就業、科學研究和社會民生都帶來消極的打擊。此所以在近年不少發達經濟國家轉提「再工業化」的戰略。中國的產業戰略是持續地提升製造業，不僅透過龐大的科學研究與人力投資來推動技術進步，也借用各種新的科技手段來改造傳統產業。後者應是中國首創，也打破了發達經濟發展階段論的教條。《中國製造 2025》體現著先進科技產業與傳統製造業同時並進的方向，強調以「新技術新業態新模式」推動傳統產業的模式變革。中國還是以堅持製造業為主的國家，不去犯英、美、日等國的金融化、非工業化錯誤。

堅持製造業，也即是堅持實體經濟的發展、轉型與升級。故此，《政府工作報告》強調「實體經濟從來都是我國發展的根基」。相對於過去二三十年國際經濟金融化帶來嚴重的結構失衡危機，和由此而產生的 2008 年金融危機與持續的大不景氣（Great Recession，近於 1930 年代的

大衰退 Great Depression，暫時的差別只是持續的時間比較短），中國強調實體經濟的發展戰略，既是對抗金融危機、全球經濟大不景氣的對策，也是中國在經歷全球經濟困難後還可脫穎而出的重要手段。

二、「逆全球化」下中國深入參與全球治理過程

《政府工作報告》指出：「『逆全球化』思潮和保護主義傾向抬頭，主要經濟體政策走向及外溢效應變數較大，不穩定不確定因素明顯增加」，並提到年內要「做好應對更加複雜嚴峻局面的充分準備」。

全球化的概念其來久遠，但主要於上世紀90年代才成為國際發展主流主張。在資本主義歷史上最長的黃金時代（1940年代至1970年代的30年），全球化並不是主流思想，發達國家及國際經濟體系還處於1930年代大衰退和二次大戰的恢復階段。在美國於二次大戰後建立起來的國際政治經濟體制下，一方面美元與黃金掛鉤的金本位制下國際貿易與投資有限；另一方面冷戰對峙也把全球經濟分割，政治因素凌駕於經濟因素之上。於美國主導下，在歐洲（主要是西歐）戰後重建之外，是日本帶領東亞、東南亞的雁行工業化區域體系。歐、亞並未整合，更多的

發展中國家被邊緣化。一直到 90 年代，因兩大因素才導致了全球化的急速發展：一是蘇聯崩潰，冷戰體系結束；另一是美國經濟走下坡，因越戰等因素出現財政與外貿雙赤字。美元的金本位制由此無法維持，全球經濟進入以美元為首的市場匯率浮動制。1985 年，美國製造業敗於日本，美國經濟便加速金融化，並逼使國際經濟體系自由化、全球化，其中便包括美國企業帶動跨國企業在新興工業國家進行產業外移的對外直接投資。在日本而言，它是在美國政治壓力下把產業轉移至東亞、東南亞；在美國而言，則是用加工貿易方法扶助中國的生產基地抗衡日本。國際經貿金融化的主要推動力量在美國，這也是美國重塑二次大戰和冷戰結束後國際經濟體系的結果。主要利益歸於以美國為首的金融與商業跨國企業。

正因如此，在美國推動全球化的時候，在發展中國家便相應有「反全球化」（counter globalization）的呼聲。

逆全球化不同反全球化。逆全球化的推動力亦在美國，是美國內部非金融產業利益集團和備受失業、收入停滯不前之苦的普羅大眾的政治反動，代表勢力即是 2017 年初當選為美國總統的特朗普。但在總統選舉中，特朗普並未贏得多數票，這反映出美國政治勢力的分裂。特朗普所推動的逆全球化和保護主義的傾向，只是抬頭，還未成

美國政策的主宰力量，更不用說扭轉國際經濟的全球化發展。正因如此，「變數較大」，「不穩定、不確定因素明顯增加」。

「逆全球化」對中國利益的潛在負面影響不容忽視。在此之前，在以美國為首的發達國家主導和推動下，世界多個國家和地區積極參與國際分工，編織出跨越國界的「全球生產網絡」，生產要素、貨物和服務的流動成為了紐帶，把世界緊密地整合起來。但是，國與國之間的收入和利潤分配並不平等，跨國產業鏈上的高端環節幾乎都被掌握核心能力的先進國把持。儘管如此，一個不容否定的事實是，在過去幾十年的「全球化」過程裡，也有不少發展中國家成為得益者，作為其中一員的中國自不例外。雖然因為各種各樣的自身政策缺失而付出了慘重代價，但藉著進入國際市場，並擴大生產，以滿足市場對產品的需求，仍然能夠享受規模效益的好處，成功創造和累積巨額的財富。更為令人喜出望外的是，中國借助國際化網絡吸收外部知識，顯著提升技術水平，形成了一個能夠與西方先進國家競爭的生產體系，逐步扭轉過往自身在世界價值分配層級結構中的不利位置，大有恢復其歷史上大國地位的勢頭。

倘若「逆全球化」成為新時代的選擇，中國復興的進

程可能會被打亂。而這種有利於削弱中國的發展方向，或許會成為美國面對霸權衰落時力挽狂瀾的一種嘗試。「全球化」使跨國公司得以把生產和服務轉移到海外而獲利，卻造就了中國這個強大的競爭對手，同時讓一大批不能跟從資本流動的美國勞動者淪為失業者，昔日的中產階級生活來源被剝奪。不滿的美國民眾推翻了依賴金融化和跨國企業收益的精英集團。特朗普上台後首先推翻的跨太平洋戰略經濟夥伴關係協議（TPP）便是代表著跨國公司利益、企圖超越美國和其他國家國會控制的貿易協議，與傳統多邊世界貿易組織的全球化不同。

跨太平洋戰略經濟夥伴關係協議因此受到美國朝野的普遍反對。特朗普民粹主義的基礎是逆全球化和反跨國企業的自由貿易，包括要求修改北美自由貿易協定和針對中國、德國，要削減貿易赤字，促使美國資本和企業回流。或許這不是單獨針對中國，但對高度倚賴出口的全球最大製造業國的中國，必然帶來巨大的衝擊。

中國借助全球化的機會完成追趕發達國家的工業化，逆全球化若在美國生根並擴展至其他發達國家時，中國可以怎樣繼續開拓成長空間？

三、利益一致的「全球化」

　　非常明顯，中國的選擇是不再被動接受西方國家設定的遊戲框架，在「逆全球化」浪潮下坐以待斃，而是主動參與塑造一個全新的國際環境。中國的策略是充當「全球化」的捍衛者。今年初於達沃斯舉行的世界經濟論壇中，國家主席習近平於開幕式上，充分肯定「全球化」對世界經濟增長、人類文明進步的重要作用。他承認「經濟全球化」並不完美，但他也認為把目前困擾世界的問題都簡單歸咎於「經濟全球化」不盡合理。他不點名批評美國統治集團「搞保護主義，如同把自己關進黑屋子，看似躲過了風吹雨打，但也隔絕了陽光和空氣。打貿易戰的結果只能是兩敗俱傷」。習近平認為合理的做法應該是「主動作為、適度管理，讓經濟全球化的正面效應更多釋放出來，實現經濟全球化進程再平衡」，並「講求效率、注重公平，讓不同國家、不同階層、不同人群共享經濟全球化的好處」。習近平提出的全球化，不是簡單地複製美國原來在全球推動的金融化，及以發達國家利益為主的「全球化」，而是排除壟斷、政治干預與不公平貿易，開放和包容的全球化。借反對「逆全球化」之機，中國提出維護發

展中國家利益的全球化概念。

習近平在世界經濟論壇演說的思想在 2017 年《政府工作報告》中一一得到體現，給這份報告添上前所未有的開放和國際主義色彩。文件強調「經濟全球化符合世界各國的根本利益」，表明中國政府將「反對各種形式的保護主義」，「堅定不移推動全球經濟合作」，「引導經濟全球化朝著更加包容互惠、公正合理的方向發展」。

「全球化」不僅符合中國自身利益，也受到眾多發展中國家、新興經濟體以至發達國家歡迎。「逆全球化」被視為部分西方國家謀一己之私的招數，根本不符合他們的利益。例如去年在祕魯首都利馬舉行的亞太經合組織部長級會議，與會部長發表聯合聲明抵制保護主義政策，重申貿易開放政策是推動經濟持續復甦的根基，堅定支持市場開放和自由貿易。東道國總統庫琴斯基在工商領導人峰會開幕式上甚至把去年的美國總統大選形容為自由貿易愈發受到敵視的警號及對全球經濟的威脅。他呼籲亞太各國領袖捍衛自由貿易。

中國身體力行支持「經濟全球化」。於是「積極主動擴大對外開放」被納入重點工作任務。對內，中國「加快構建開放型經濟新體制」，主要方向是「大力優化外商投資環境」，透過進一步放寬外商投資企業在服務業、

製造業、採礦業領域的准入限制，支持它們在國內上市、發債，允許它們參與國家科技計劃項目，以及全面推廣自由貿易試驗區建設成熟經驗等多項工作，最終「中國開放的大門會越開越大，必將繼續成為最富吸引力的外商投資目的地」；對外，中國則「推進國際貿易和投資自由化便利化」，表明「願與有關國家一道，推動中國－東盟自貿區升級議定書全面生效實施，早日結束區域全面經濟夥伴關係協定談判，推進亞太自貿區建設」。其中，亞太自貿區普遍被視為「中國主張」，它的特點是具有高度的包容性，與區內一系列既有的自由貿易機制並不衝突；而且它特別照顧到區內發展中國家的發展需要，更加注重藉由建設一體化的基礎設施為發展中國家提供貿易上的便利往來。中國再不單單著眼於以美國為首的發達國家。

　　但要填補美國摒棄「全球化」所形成的真空，藉抗衡「逆全球化」浪潮開拓一片新天，僅僅依靠這些政策則略嫌不足，中國無可避免更深入地參與全球治理。以往，中國不是完全沒有沾手全球治理，但基本只限於局部介入。例如，2014 年的《政府工作報告》有「積極參與國際多邊事務」一說，但只「為解決全球性問題和熱點問題發揮建設性作用」；翌年，報告涉及的全球事務少有超越經濟領域，自稱為「全球經濟體系的建設者、經濟全球化的推

動者」；到了 2016 年，報告提到中國要舉辦好二十國集團領導人峰會，也不過旨在「完善全球經濟金融治理」。「深入參與全球治理進程」，則是 2017 年《政府工作報告》的嶄新提法。中國再不停留於擺擺姿態，或不講效益地向外國提供金錢援助的層次，而是要「做世界和平的建設者、全球發展的貢獻者、國際秩序的維護者」，並強調「積極提供解決全球性和地區熱點問題的建設性方案」，以具體的手段創造實際效果。

在中國領導層的構想中，世界未來的理想狀態不應該是「一國獨霸」或「幾方共治」，例如美國近年提出的中美 G2 體制。2017 年《政府工作報告》表示要「堅決維護多邊體制的權威性和有效性」。中國欲以「多邊主義」建構新的世界秩序，並非純粹針對特定國家的權宜之計，而是出於對歷史教訓的總結。在過去數十年，國際社會先後經歷了冷戰和美國單邊主義的時代，少數超級大國罔顧他國利益胡作非為，局勢非但沒有變得平穩，反而愈來愈動盪。而「多邊主義」則讓各個國家共同書寫國際規則，一起排憂解難，有利於調和國際社會所有成員的利益，減少矛盾對立。於是，解決當今世界各種衝突和挑戰的唯一希望就寄託於「多邊主義」的實踐。

最近，中國堅決捍衛「多邊主義」的立場受到聯合

國秘書長古特雷斯讚揚，稱中國為「多邊主義的中流砥柱」，在聯合國維持和平行動（中國為最大的承擔國）、可持續發展等事業上作出了貢獻。顯然，中國亦致力把「多邊主義」的理念拓展至經濟貿易領域，2017 年《政府工作報告》強調中國在來年會「維護多邊貿易體制主渠道地位，積極參與多邊貿易談判」。國與國之間的關係講求平等，經貿往來不是大國掠奪行為，亦非上國加恩體恤，中國在報告中宣示：「中國是負責任的國家，作出的承諾一直認真履行，應有的權益將堅決捍衛。」

四、「一帶一路」：擴大對英美以外地區的開放

不難想像，素來奉行「單邊主義」的美國不會樂見其成，勢必橫加阻撓。一個慣常而且比較直接的做法就是利用區域的利益爭奪挑動衝突，再利用其雄厚的資源以及無可比擬的軍事力量，深度干預地區事務，混水摸魚。這些地區大多因交通成本高昂，處於現代世界經濟體系的邊緣。區內國家難以提供具吸引力的環境凝聚發展所需的人才知識，而且一般缺乏良好的基礎設施，窒礙當地與外界交流，為派系割據提供條件。縱使坐擁豐富的天然資源，也因無法接觸國際市場而未能轉化為財富。釜底抽薪之

道，莫過於協助這些國家加入跨國生產體系，提振經濟和增加國民收入，改變它們落後貧窮的狀態。此乃中國發起「一帶一路」倡議之宗旨。

如果說 20 世紀「改革開放」是一場主要面向英、美的開放，那麼 21 世紀「一帶一路」建設則是一場真正面向全世界（尤其是非英語地區）的開放。「一帶一路」包括「絲綢之路經濟帶」和「21 世紀海上絲綢之路」，兩者的主要走線均貫穿亞歐非大陸，大致涉及 65 個國家、覆蓋全球 62.5%（即約 44 億）人口，兩端為活躍的東亞經濟圈和發達的歐洲經濟圈。「一帶一路」就是要在這兩個經濟圈連繫的基礎上，建立和加強與中間廣大腹地互聯互通的夥伴關係，促進經濟要素有序自由流動、資源高效配置和市場深度融合，擺脫現時發展緩慢的困境，最終令沿線國家實現多元、自主、平衡及可持續的發展。

由此亦可推斷，「一帶一路」有機會令世界範圍內經濟要素的流向大幅度轉變，繼而改寫全球經濟版圖。今日，亞洲對世界的貨物出口量已遠遠拋離北美，直逼歐洲。當中國利用其資金和技術建設一系列陸上經濟走廊和安全高效的運輸大通道，保證「一帶一路」沿線國家的交流暢通無阻後，亞歐非大陸上的經濟要素流動規模很可能會快速膨脹，而這些要素又會在沿線城市集聚，再加上專

門化和國際分工，顯著提升生產率，使當地能夠以更快的速度創造出財富，亞歐非大陸世界有望實現全面復興，恢復它作為政治經濟主要舞台的歷史地位。中國在這方面已邁出堅實的步伐，它與「一帶一路」沿線國家的經貿往來總體呈增強之勢，佔其貿易總額的比重穩定於四分之一以上，向沿線國家出口額更在 2016 年達到近年峰值。不能否認，「一帶一路」並不針對和排斥美國，美國經濟也不會因「一帶一路」的出現而直接遭到打擊，但「一帶一路」建設具體表現為大批國家在過往由美國主導的經貿網絡以外建立聯繫，實際效果必然是美國在全球經貿的地位相對下降，左右世界經濟要素流動的力量亦隨之而相對減弱，從根本上動搖美國繼續奉行「單邊主義」的基礎。

　　「一帶一路」已非首次寫入《政府工作報告》之中，繼 2016 年要求「扎實推進『一帶一路』建設」之後，一模一樣的字句再次被列入重點工作任務。部分具體內容也有重複之處，例如今年所講的「加快陸上經濟走廊和海上合作支點建設，構建沿線大通關合作機制」，其實在去年已有提及。但這不代表「一帶一路」的建設進展緩慢，相反各項合作的開展尚算順利，基礎設施互聯互通的工作更是如火如荼。國際鐵路聯運可說是最大的亮點。依託鐵路運輸，中國與「一帶一路」沿線國家之間的陸上連繫陸續

建立，在航海運輸壟斷跨國貨流近幾個世紀的格局中打開了一個小小的缺口。「十二五」期間，中國與歐洲的進出口貿易總額較上一個五年規劃時期竟增長約三分之一，促進了中歐班列快速發展。中歐班列是指按照固定車次、線路、班期和全程運行時刻開行，運行於中國與歐洲以及「一帶一路」沿線國家之間的國際聯運列車，由首度發車的 2011 年至去年 6 月底，中歐班列已累計開行班列 1,881 列。當然，這不過是亞歐非大陸陸路運輸大發展的起步點。在運輸需求的不斷拉動之下，中歐班列服務的輻射範圍快速擴大，運送的貨物種類亦逐步拓展，而且隨著更多的回程班列開行，運輸成本將顯著下降，中歐班列在價格上將更具競爭力，尚有極大的拓展餘地。

國務院轄下的「推進『一帶一路』建設工作領導小組」去年發佈了《中歐班列建設發展規劃（2016－2020）》。該文件規劃了東、中、西三條國際聯運通道，並特別強調這些班列通道不純粹是鐵路通道，而是多式聯運走廊，因此連接範圍也包括東亞、東南亞以至其他地區。文件亦圍繞綜合運輸成本仍然偏高及無序競爭等一系列問題進行相關佈局，並提出內陸主要貨源節點將每週開行兩列以上點對點直達班列，而具備完善的鐵水聯運條件的沿海重要港口節點則為三列以上。到 2020 年，中歐班

列的年內開行數量將達到 5,000 列左右。

至於《政府工作報告》中提到的另外一個「一帶一路」對外合作領域——人文交流合作，也必將取得實質進展。其中一個突破點就是國家主席習近平近年持續關注的中醫藥領域。在習近平簽署主席令正式頒佈《中醫藥法》後，今年一月，《中醫藥『一帶一路』發展規劃（2016－2020 年）》對外發佈，表示要促進中醫藥原創思維與現代科技融合發展，同時統籌推進醫療、保健、教育、科研、文化和產業多個層面的對外交流與合作，讓中醫藥這項古絲綢之路上國家交流合作的重要內容，再次滿足各國建設民生的普遍關切。為此，該文件提出「在中亞、西亞、南亞、東南亞、中東歐、歐洲、大洋洲、非洲等區域建設 30 個中醫藥海外中心」，並「支援 100 種成熟的中藥產品以藥品、保健品、功能食品等多種方式在沿線國家進行註冊，進入沿線國家醫療衛生體系」，成為沿線民眾共享共建的衛生資源。

報告要求「高質量辦好『一帶一路』國際合作高峰論壇」。這個論壇是國家主席習近平在早前的達沃斯世界經濟論壇上宣佈舉辦的，被官方形容為「一帶一路」提出三年多以來最高規格的論壇內容。各國領袖將在今年五月齊聚北京，共商合作大計。外交部部長王毅早前表示，與會

者將確定一批重大的合作項目，及探討共建「一帶一路」的長效合作機制，構建更加緊密務實的夥伴關係網絡。這意味著論壇不是一場「政治秀」那麼簡單，可能將會是一個把「一帶一路」倡議機制化的歷史事件。

五、對香港的啟示

在高度全球化的世界經濟體系中，任何國際大都會都不可能自絕於世界之外。中國作為一個擁有約世界五分之一人口、生產總值全球第二的大國，一舉一動均足以震動世界，而且內地與香港就只有一河之隔，香港豈有漠視之理？更何況香港是國際都會、自由開放的城市！

內地高速鐵路的發展並非與你毫不相干，至少它仍能在金融市場上為你提供不可多得的經濟機會。最新修編的《中長期鐵路網規劃》2020 年的目標是高速鐵路里程提升至三萬公里，而 2015 年的規模為 19,000 多公里，即等於「十三五」期間將要多建成至少 11,000 公里的高速鐵路。這是一個甚麼概念呢？相當於要在五年內再建一個「四縱四橫」的網絡——2004 年版的《中長期鐵路網規劃》中的「四縱四橫」網絡的規模在 12,000 公里左右。考慮到高速鐵路工期普遍為四至五年左右，為完成 2020

年的目標，今年應該將會有一批項目開工建設，還有那些原本已經在建的項目，國內市場對鐵路設施設備的需求得到了保證，加上中國在「一帶一路」沿線國家和其他地區的鐵路建設，對相關企業未來一段日子的業績表現頗為有利，樂觀的市場預期將推升公司股票價格。香港的市民大可以利用手上閒置的資金，購買相關領域企業的股份，以資本介入中國發展，從高速鐵路第二輪建設浪潮中獲利。

中國急速擴大的鐵路網絡，連上「一帶一路」戰略，會大大提升中國內地與國際的連接性。例如鐵路貨運從東莞和廣州至歐洲不足 20 天的運程；成都至西歐的通行時間更只有 10 天。成都始發班列的貨運腹地包括整個華東、華南，且伸延至台灣、越南等地區。在建的莫斯科至北京高速鐵路將原來 6 天的行程縮短至 33 小時。透過中國內地，歐、亞愈來愈連成一體。

在這個過程裡，香港可以參與貿易、投資、建設、物流、旅遊、科研合作以至文化交流、知識傳遞演變及社會融和的種種活動，獲得的不只是商機、就業與創業機會，還有文化文明的提升。香港開埠，乃作為廣州的外港，參與 19 世紀以來的海上絲綢瓷器茶葉之路。香港作為國際金融中心和航運、貿易中心，倚靠的也是中國內地與世界的連接交流。高速鐵路帶來的歐亞大連接加上「一帶一

路」，可以為香港提供進一步發展的巨大機遇。

　　《政府工作報告》也的確有與香港直接相關的段落，值得我們投放更多的注意力。今年的一大亮點莫過於提出「要推動內地與港澳深化合作，研究制定粵港澳大灣區城市群發展規劃，發揮港澳獨特優勢，提升在國家經濟發展和對外開放中的地位與功能」。目前，粵港澳大灣區城市群仍然是一個未固定的概念，其內容在未來一段短時間裡將仍有變數，究竟與原本的大珠三角概念有何差異也尚不明確。但可以肯定的是，這個區域發展政策已上升至國家層面，已非一城或一地利益之事，而是國家指派的一項工作，服務於國家發展戰略的目標。而所謂深化合作，自然又離不開基礎設施、貿易分工、體制等層面的對接，亦即實現所謂的「融合」。廣深港高速鐵路的建設、「一地兩檢」的落實，以至其他經貿和民生福利上的安排，可謂勢在必行，而且不容有失。

　　「融合」的好處當然不會無條件產生，甚至有機會導致區域的競爭加劇。如果經濟要素的流動在區內變得更為自由，它們有甚麼理由不流向收益較高的地方，而不惜一切待在原地呢？要爭奪人流、貨流、資金流支撐城市的繁榮，少不免要在規劃上作出適應，在制度、資源配置方面作出改進，也可能對香港原有的生活環境構成衝擊，我們

該如何是好呢？少部分香港市民選擇與內地分隔，然而這種做法極為不智。首先，當香港無法觸及內地市場的海量需求時，這意味著香港企業無法達致可與內地企業媲美的規模效益，在成本分攤上完全處於劣勢；其次，當香港與內地的經貿聯繫不暢，企業及相關的經濟要素不會如主張分隔的市民預期一樣停留不動，而是很可能移出香港，透過各種途徑進入內地落地生根。最近，瑞典、以色列、德國、芬蘭等以創新為主導的國家繞過香港，直接跑到內地（如深圳）尋找科技合作的夥伴，無疑是一種警號。

　　此所以，今年的《政府工作報告》首次提到「『港獨』是沒有出路的」。有人或許會理解為這是一種政治上的警告，但實際上也是在長遠發展層面上的一種善意提醒。

陳文鴻　鍾民杰
珠海學院一帶一路研究所

《2017政府工作報告》框架

（一）基本結構

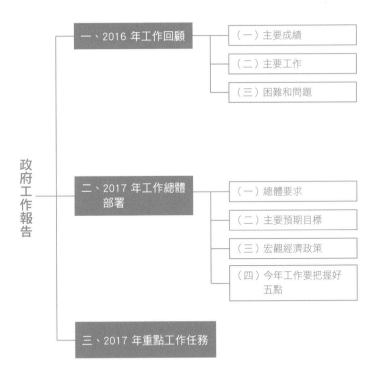

政府工作報告

一、2016 年工作回顧
　（一）主要成績
　（二）主要工作
　（三）困難和問題

二、2017 年工作總體部署
　（一）總體要求
　（二）主要預期目標
　（三）宏觀經濟政策
　（四）今年工作要把握好五點

三、2017 年重點工作任務

（二）內容總目

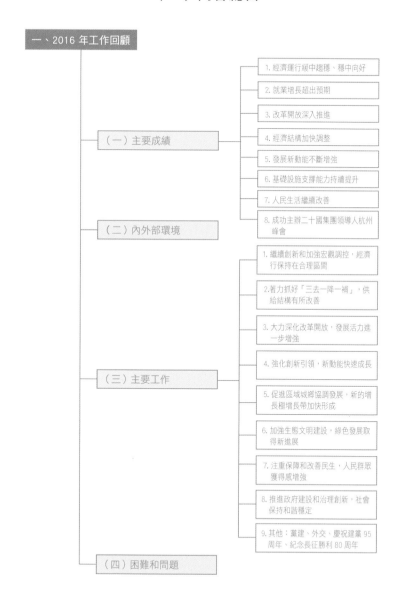

一、2016 年工作回顧

（一）主要成績
1. 經濟運行緩中趨穩、穩中向好
2. 就業增長超出預期
3. 改革開放深入推進
4. 經濟結構加快調整
5. 發展新動能不斷增強
6. 基礎設施支撐能力持續提升
7. 人民生活繼續改善
8. 成功主辦二十國集團領導人杭州峰會

（二）內外部環境

（三）主要工作
1. 繼續創新和加強宏觀調控，經濟行保持在合理區間
2. 著力抓好「三去一降一補」，供給結構有所改善
3. 大力深化改革開放，發展活力進一步增強
4. 強化創新引領，新動能快速成長
5. 促進區域城鄉協調發展，新的增長極增長帶加快形成
6. 加強生態文明建設，綠色發展取得新進展
7. 注重保障和改善民生，人民群眾獲得感增強
8. 推進政府建設和治理創新，社會保持和諧穩定
9. 其他：黨建、外交、慶祝建黨 95 周年、紀念長征勝利 80 周年

（四）困難和問題

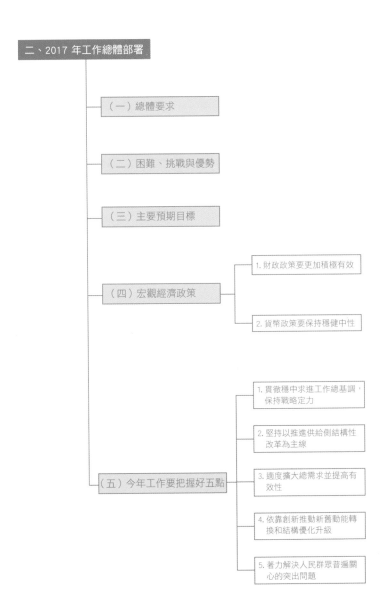

二、2017 年工作總體部署

- （一）總體要求
- （二）困難、挑戰與優勢
- （三）主要預期目標
- （四）宏觀經濟政策
  1. 財政政策要更加積極有效
  2. 貨幣政策要保持穩健中性
- （五）今年工作要把握好五點
  1. 貫徹穩中求進工作總基調，保持戰略定力
  2. 堅持以推進供給側結構性改革為主線
  3. 適度擴大總需求並提高有效性
  4. 依靠創新推動新舊動能轉換和結構優化升級
  5. 著力解決人民群眾普遍關心的突出問題

三、2017 年重點工作任務

（一）用改革的辦法深入推進「三去一降一補」

（二）深化重要領域和關鍵環節改革

（三）進一步釋放國內需求潛力

（四）以創新引領實體經濟轉型升級

（五）促進農業穩定發展和農民持續增收

（六）積極主動擴大對外開放

（七）加大生態環境保護治理力度

（八）推進以保障和改善民生為重點的社會建設

（九）全面加強政府自身建設

其他：民族、宗教、僑務、國防、港澳台、外交

政府工作報告

——2017 年 3 月 5 日在第十二屆全國人民

代表大會第五次會議上

國務院總理　李克強

各位代表：

現在，我代表國務院，向大會報告政府工作，請予審議，並請全國政協各位委員提出意見。

一、2016 年工作回顧

過去一年，我國發展面臨國內外諸多矛盾疊加、風險隱患交匯的嚴峻挑戰。在以習近平同志為核心的黨中央堅強領導下，全國各族人民迎難而上，砥礪前行，推動經濟社會持續健康發展。黨的十八屆六中全會正式明確習近平總書記的核心地位，

習近平等國家領導人出席開幕式

李克強離席作政府工作報告

十八屆六中全會確立習近平總書記的核心地位

體現了黨和人民的根本利益，對保證黨和國家興旺發達、長治久安，具有十分重大而深遠的意義。各地區、各部門不斷增強政治意識、大局意識、核心意識、看齊意識，推動全面建成小康社會取得新的重要進展，全面深化改革邁出重大步伐，全面依法治國深入實施，全面從嚴治黨縱深推進，全年經濟社會發展主要目標任務圓滿完成，「十三五」實現了良好開局。

——經濟運行緩中趨穩、穩中向好。國內生產總值達到 74.4 萬億元，增長 6.7%，名列世界前茅，對全球經濟增長的貢獻率超過 30%。居民消費價格上漲 2%。工業企業利潤由上年下降 2.3% 轉為增長 8.5%，單位國內生產總值能耗下降 5%，經濟發展的質量和效益明顯提高。

2016年世界主要經濟體 GDP增速比較（%）

中國 6.7 ｜ 印度 6.6 ｜ 歐元區 1.7 ｜ 美國 1.6 ｜ 日本 0.9 ｜ 俄羅斯 -0.6 ｜ 巴西 -3.5

中國對全球經濟增長的貢獻率超過30%

數據來源：國際貨幣基金組織 2017 年 1 月發佈的《世界經濟展望》

——**就業增長超出預期**。全年城鎮新增就業 1,314 萬人。高校畢業生就業創業人數再創新高。年末城鎮登記失業率 4.02%，為多年來最低。13 億多人口的發展中大國，就業比較充分，十分不易。

2016年報告主要指標任務完成情況

——**改革開放深入推進**。重要領域和關鍵環節改革取得突破性進展，供給側結構性改革初見成效。對外開放推出新舉措，「一帶一路」建設進展快速，一批重大工程和國際產能合作項目落地。

「一帶一路」三年：合作共贏彰顯中國擔當

——**經濟結構加快調整**。消費在經濟增長中發揮主要拉動作用。服務業增加值佔國內生產總值比重上升到 51.6%。高技術產業、裝備製造業較快增長。農業穩中調優，糧食再獲豐收。

——**發展新動能不斷增強**。創新驅動發展戰略深入實施。科技領域取得一批國際領先的重大成果。新興產業蓬勃興起，傳統產業加快轉型升級。大眾創業、萬眾創新廣泛開展，全年新登記企業增長 24.5%，平均每天新增 1.5 萬戶，加上個體工商戶等，各類市場主體每天新增 4.5 萬戶。新動能正在撐起發展新天地。

——**基礎設施支撐能力持續提升**。新建高速鐵路投產

經濟運行
緩中趨穩、穩中向好

- 國內生產總值達到 74.4 萬億元▲6.7%，名列世界前茅，對全球經濟增長的貢獻率超過 30%

- 居民消費價格▲2%

- 工業企業利潤由上年下降 2.3% 轉為▲8.5%

- 單位國內生產總值能耗 ▼5%

就業增長超出預期

- 全年城鎮新增就業 1,314 萬人

- 年末城鎮登記失業率 4.02%

改革開放深入推進

經濟結構加快調整

- 服務業增加值佔國內生產總值比重上升到 51.6%

發展新動能不斷增強

- 大眾創業、萬眾創新廣泛開展，全年新登記企業增長 24.5%，平均每天新增 1.5 萬戶，加上個體工商戶等，各類市場主體每天新增 4.5 萬戶

2016 年
主要成績
數讀

基礎設施
支撐能力持續提升

- 高速鐵路投產里程超過 1,900 公里，新建改建高速公路 6,700 多公里、農村公路 29 萬公里

- 新開工重大水利工程 21 項

- 新增第四代移動通信用戶 3.4 億、光纖線路 550 多萬公里

人民生活繼續改善

- 全國居民人均可支配收入實際增長 6.3%

- 農村貧困人口減少 1,240 萬，易地扶貧搬遷人口超過 240 萬

- 棚戶區住房改造 600 多萬套，農村危房改造 380 多萬戶

- 國內旅遊快速增長，出境旅遊超 1.2 億人次

成功主辦二十國集團領導人杭州峰會

- 在全球經濟治理中留下深刻的中國印記

里程超過 1,900 公里，新建改建高速公路 6,700 多公里、農村公路 29 萬公里。城市軌道交通、地下綜合管廊建設加快。新開工重大水利工程 21 項。新增第四代移動通信用戶 3.4 億、光纜線路 550 多萬公里。

——人民生活繼續改善。全國居民人均可支配收入實際增長 6.3%。農村貧困人口減少 1,240 萬，易地扶貧搬遷人口超過 240 萬。棚戶區住房改造 600 多萬套，農村危房改造 380 多萬戶。國內旅遊快速增長，出境旅遊超過 1.2 億人次，城鄉居民生活水平有新的提高。

我國成功主辦二十國集團領導人杭州峰會，推動取得一系列開創性、引領性、機制性重要成果，在全球經濟治理中留下深刻的中國印記。

習近平在G20
領導人杭州
峰會開幕式
上致辭

回顧過去一年，走過的路很不尋常。我們面對的是世界經濟和貿易增速 7 年來最低、國際金融市場波動加劇、地區和全球性挑戰突發多發的外部環境，面對的是國內結構性問題突出、風險隱患顯現、經濟下行壓力加大的多重困難，面對的是改革進入攻堅期、利益關係深刻調整、影響社會穩定因素增多的複雜局面。在這種情況下，經濟能夠穩住很不容易，出現諸多向好變化更為難得。這再次表明，中國人民有勇氣、有智慧、有能力戰勝任何艱難險

阻，中國經濟有潛力、有韌性、有優勢，中國的發展前景一定會更好。

一年來，我們主要做了以下工作。

一是繼續創新和加強宏觀調控，經濟運行保持在合理區間。去年宏觀調控面臨多難抉擇，我們堅持不搞「大水漫灌」式強刺激，而是依靠改革創新來穩增長、調結構、防風險，在區間調控基礎上，加強定向調控、相機調控。積極的財政政策力度加大，增加的財政赤字主要用於減稅降費。全面推開營改增試點，全年降低企業稅負 5,700 多億元，所有行業實現稅負只減不增。制定實施中央與地方增值稅收入劃分過渡方案，確保地方既有財力不變。擴大地方政府存量債務置換規模，降低利息負擔約 4,000億元。穩健的貨幣政策靈活適度，廣義貨幣 M2 增長11.3%，低於 13% 左右的預期目標。綜合運用多種貨幣政策工具，支持實體經濟發展。實施促進消費升級措施。出台鼓勵民間投資等政策，投資出現企穩態勢。分類調控房地產市場。加強金融風險防控，人民幣匯率形成機制進一步完善，保持了在合理均衡水平上的基本穩定，維護了國家經濟金融安全。

二是著力抓好「三去一降一補」，供給結構有所改善。以鋼鐵、煤炭行業為重點去產能，全年退出鋼鐵產能

超過 6,500 萬噸、煤炭產能超過 2.9 億噸，超額完成年度
目標任務，分流職工得到較好安置。支持農民工在城鎮購
房，提高棚改貨幣化安置比例，房地產去庫存取得積極成
效。推動企業兼併重組，發展直接融資，實施市場化法治
化債轉股，工業企業資產負債率有所下降。著眼促進企業
降成本，出台減稅降費、降低「五險一金」繳費比例、下
調用電價格等舉措。加大補短板力度，辦了一批當前急需
又利長遠的大事。

三是大力深化改革開放，發展活力進一步
增強。全面深化改革，推出一批標誌性、支
柱性改革舉措。圍繞處理好政府和市場關係這
一經濟體制改革的核心問題，持續推進簡政放
權、放管結合、優化服務改革。在提前完成本
屆政府減少行政審批事項三分之一目標的基礎上，去年又
取消 165 項國務院部門及其指定地方實施的審批事項，清

李克強：更大
的放、更好的
管、更優的
服務

名詞
解釋

三去
一降一補

「三去一降一補」即去產能、去庫存、去槓桿、
降成本、補短板。這是供給側結構性改革的重要內
容。去產能和去槓桿的關鍵是深化國有企業和金融部
門的基礎性改革，去庫存和補短板的指向要同有序引
導城鎮化進程和農民工市民化有機結合起來，降成本
的重點是增加勞動力市場靈活性、抑制資產泡沫和降
低宏觀稅負。

理規範 192 項審批中介服務事項、220 項職業資格許可認定事項。深化商事制度改革。全面推行「雙隨機、一公開」，增強事中事後監管的有效性，推進「互聯網＋政務服務」。推動國有企業調整重組和混合所有制改革。建立公平競爭審查制度。深化資源稅改革。完善農村土地「三權分置」辦法，建立貧困退出機制。推進科技管理體制改革，擴大高校和科研院所自主權，出台以增加知識價值為導向的分配政策。放開養老服務市場。擴大

2013
▶ 分批取消和下放 416 項行政審批等事項
▶ 取消和免徵行政事業性收費 348 項

▶ 取消和下放 246 項行政審批事項
▶ 取消評比達標表彰項目 29 項
▶ 取消職業資格許可和認定事項 149 項

2014

2015
▶ 取消和下放 311 項行政審批事項
▶ 取消 123 項職業資格許可和認定事項
▶ 徹底終結非行政許可審批
▶ 工商登記前置審批精簡 85%，全面實施三證合一、一照一碼

▶ 取消 165 項國務院部門及其指定地方實施的審批事項
▶ 清理規範 192 項審批中介服務事項
▶ 清理規範 220 項職業資格許可認定事項
▶ 全面推行「雙隨機、一公開」

2016

近年來「放管服」改革推進表

公立醫院綜合改革試點，深化藥品醫療器械審評審批制度改革。制定自然資源統一確權登記辦法，開展省以下環保機構監測監察執法垂直管理、耕地輪作休耕改革等試點，全面推行河長制，健全生態保護補償機制。改革為經濟社

延伸閱讀

雙隨機、一公開

「雙隨機、一公開」，即在監管過程中隨機抽取檢查對象，隨機選派執法檢查人員，抽查情況及查處結果及時向社會公開。這是 2015 年 8 月發佈的《國務院辦公廳關於推廣隨機抽查規範事中事後監管的通知》要求在全國全面推行的一種監管模式。

「雙隨機」是指建立隨機抽取檢查對象、隨機選派執法檢查人員的抽查機制，嚴格限制監管部門自由裁量權。建立健全市場主體名錄庫和執法檢查人員名錄庫，通過搖號等方式，從市場主體名錄庫中隨機抽取檢查對象，從執法檢查人員名錄庫中隨機選派執法檢查人員。推廣運用電子化手段，對「雙隨機」抽查做到全程留痕，實現責任可追溯。

「一公開」是指加快政府部門之間、上下之間監管信息的互聯互通，依託全國企業信用信息公示系統，整合形成統一的市場監管信息平台，及時公開監管信息，形成監管合力。

名詞解釋

農村土地三權分置

三權分置是指農村土地所有權、承包權、經營權三權分置、經營權流轉的格局。在三權分置下，農村土地屬於集體所有，承包權屬於農民，經營權可以流轉給非農戶。這樣，所有權、承包權和經營權既存整體效用，又可發揮各自功能。

會發展增添了新動力。

　　積極擴大對外開放。推進「一帶一路」建設，與沿線國家加強戰略對接、務實合作。人民幣正式納入國際貨幣基金組織特別提款權貨幣籃子。「深港通」開啟。完善促

延伸閱讀

河長制

　　河長制即各級黨政主要負責人擔任河長，負責組織領導相應河湖的管理和保護工作。河長制的主要任務有：一是加強水資源保護，全面落實最嚴格水資源管理制度，嚴守「三條紅線」；二是加強河湖水域岸線管理保護，嚴格水域、岸線等水生態空間管控，嚴禁侵佔河道、圍墾湖泊；三是加強水污染防治，統籌水上、岸上污染治理，排查入河湖污染源，優化入河排污口佈局；四是加強水環境治理，保障飲用水水源安全，加大黑臭水體治理力度，實現河湖環境整潔優美、水清岸綠；五是加強水生態修復，依法劃定河湖管理範圍，強化山水林田湖系統治理；六是加強執法監管，嚴厲打擊涉河湖違法行為。2016 年 10 月 11 日，中共中央全面深化改革領導小組第 28 次會議審議通過了《關於全面推行河長制的意見》。2016 年 12 月，中共中央辦公廳、國務院辦公廳印發了該意見。

名詞解釋

深港通

　　深港通是深港股票市場交易互聯互通機制的簡稱，指深圳證券交易所和香港聯合交易所有限公司建立技術連接，使內地和香港投資者可以通過當地證券公司或經紀商買賣規定範圍內的對方交易所上市的股票。經過兩年多的籌備，2016 年 12 月 5 日，深港通正式開通。

進外貿發展措施，新設 12 個跨境電子商務綜合試驗區，進出口逐步回穩。推廣上海等自貿試驗區改革創新成果，新設 7 個自貿試驗區。除少數實行准入特別管理措施領域外，外資企業設立及變更一律由審批改為備案管理。實際使用外資 1,300 多億美元，繼續位居發展中國家首位。

原有自貿試驗區
新設自貿試驗區

《中國製造
2025》文件
全文

　　四是強化創新引領，新動能快速成長。深入推進「互聯網＋」行動和國家大數據戰略，全面實施《中國製造 2025》，落實和完善「雙創」政策措施。部署啟動面向 2030 年的科技創新重大項目，支持北京、上海建設具有全球影響力的科技創新中心，新設 6 個國家自主創新示範區。全社會研發經費支出與國內生產總值之比達到 2.08%。國

延伸
閱讀

國家自主創新示範區

　　國家自主創新示範區是指經國務院批准，在推進自主創新和高技術產業發展方面先行先試、探索經驗、作出示範的區域。建設國家自主創新示範區對於進一步完善科技創新的體制機制，加快發展戰略性新興產業，推進創新驅動發展，加快轉變經濟發展方式等方面將發揮重要的引領、輻射、帶動作用。其功能主要是著力實施創新引領戰略，一是開展股權激勵試點，二是深化科技金融改革創新試點，三是國家科技重大專項項目（課題）經費中按規定核定間接費用，四是支持新型產業組織參與國家重大科技項目，五是實施支持創新企業的稅收政策，六是組織編制發展規劃。到 2020 年實現技術創新領先、產業領先、經濟和社會發展領先、體制機制創新領先的建設目標，成為世界一流的高科技園區，對其他國家高新區和區域經濟社會的發展作出引領和示範。

　　截至 2017 年 3 月，中國國務院共批准設立 17 個國家自主創新示範區。分別是：北京中關村、武漢東湖、上海張江、深圳、蘇南、長株潭、天津、成都、西安、杭州、珠三角、鄭洛新、山東半島、瀋大、福廈泉、合蕪蚌、重慶國家自主創新示範區。

內有效發明專利擁有量突破 100 萬件，技術交易額超過 1 萬億元。科技進步貢獻率上升到 56.2%，創新對發展的支撐作用明顯增強。

　　五是促進區域城鄉協調發展，新的增長極增長帶加快形成。深入實施「一帶一路」建設、京津冀協同發展、長江經濟帶發展三大戰略，啟動建設一批重點項目。編制西部大開發「十三五」規劃，實施新一輪東北振興戰略，推動中部地區崛起，支持東部地區率先發展。加快推進新型城鎮化，深化戶籍制度改革，全面推行居住證制度，又有 1,600 萬人進城落戶。發展的協同疊加效應不斷顯現。

張高麗主持召開「一帶一路」建設工作會議

　　六是加強生態文明建設，綠色發展取得新進展。制定實施生態文明建設目標評價考核辦法，建設國家生態文明試驗區。強化大氣污染治理，二氧化硫、氮氧化物排放量分別下降 5.6% 和 4%，74 個重點城市細顆粒物（$PM_{2.5}$）年均濃度下降 9.1%。優化能源結構，清潔能源消費比重提高 1.7 個百分點，煤炭消費比重下降 2 個百分點。推進水污染防治，出台土壤污染防治行動計劃。開展中央環境保護督察，嚴肅查處一批環境違法案件，推動了環保工作深入開展。

延伸閱讀

國家生態文明試驗區

2016 年 8 月，中共中央辦公廳、國務院辦公廳印發《關於設立統一規範的國家生態文明試驗區的意見》。意見指出，設立若干試驗區，開展國家生態文明試驗區建設，對於凝聚改革合力、增添綠色發展動能、探索生態文明建設有效模式，形成生態文明體制改革的國家級綜合試驗平台，具有十分重要的意義。通過試驗探索，到 2017 年，推動生態文明體制改革總體方案中的重點改革任務取得重要進展，形成若干可操作、有效管用的生態文明制度成果；到 2020 年，試驗區率先建成較為完善的生態文明制度體系，形成一批可在全國複製推廣的重大制度成果，資源利用水平大幅提高，生態環境質量持續改善，發展質量和效益明顯提升，實現經濟社會發展和生態環境保護雙贏，形成人與自然和諧發展的現代化建設新格局，為加快生態文明建設、實現綠色發展、建設美麗中國提供有力制度保障。綜合考慮各地現有生態文明改革實踐基礎、區域差異性和發展階段等因素，首批選擇生態基礎較好、資源環境承載能力較強的福建省、江西省和貴州省作為試驗區。

七是注重保障和改善民生，人民群眾獲得感增強。 在財政收支壓力加大情況下，民生投入繼續增加。出台新的就業創業政策，扎實做好重點人群、重點地區就業工作。全面推進脫貧攻堅，全國財政專項扶貧資金投入超過 1,000 億元。提高低保、優撫、退休人員基本養老金等標準，為 1,700 多萬困難和重度殘疾人發放生活或護理補貼。財政性教育經費支出佔國內生產總值比例繼續超過 4%。重點

習近平考察寧夏固原脫貧攻堅工作

高校招收貧困地區農村學生人數增長 21.3%。免除農村貧困家庭學生普通高中學雜費。全年資助各類學校家庭困難學生 8,400 多萬人次。整合城鄉居民基本醫保制度，提高財政補助標準。增加基本公共衛生服務經費。實現大病保險全覆蓋，符合規定的省內異地就醫住院費用可直接結算。加強基層公共文化服務。實施全民健身計劃，體育健兒在里約奧運會、殘奧會上再創佳績。去年部分地區特別是長江流域發生嚴重洪澇等災害，通過及時有力開展搶險救災，緊急轉移安置 900 多萬人次，最大限度降低了災害損失，恢復重建有序進行。

里約奧運會中國女排奪冠

　　八是推進政府建設和治理創新，社會保持和諧穩定。國務院提請全國人大常委會審議法律議案 13 件，制定修訂行政法規 8 件。完善公共決策吸納民意機制，認真辦理人大代表建議和政協委員提案。推進政務公開，省級政府部門權力和責任清單全面公佈。加大督查問責力度，組織開展第三次國務院大督查，對去產能、民間投資等政策落實情況進行專項督查和第三方評估，嚴肅查處一些地區違規新建鋼鐵項目、生產銷售「地條鋼」等行為。加強安全生產工作，事故總量和重特大事故數量繼續下降。強化社會治安綜合治理，依法打擊違法犯罪，有力維護了國家安

全和公共安全。

劉雲山出席
「兩學一做」
學習教育工作
座談會

王岐山：推動
巡視工作向縱
深發展

扎實開展「兩學一做」學習教育，認真落實黨中央八項規定精神，堅決糾正「四風」，嚴格執行國務院「約法三章」。依法懲處一批腐敗分子，反腐敗鬥爭形成壓倒性態勢。

過去一年，中國特色大國外交卓有成效。習近平主席等國家領導人出訪多國，出席亞太經合組織領導人非正式會議、上海合作組織峰會、金磚國家領導人會晤、核安全峰會、聯大系列高級別會議、亞歐首腦會議、東亞合作領導人系列會議等重大活動。成功舉辦瀾滄江—湄公河合作首次領導人會議。同主要大國協調合作得到

名詞解釋

地條鋼

狹義上，地條鋼是鋼鐵行業內部對小鋼鐵企業採用模鑄工藝生產、長度一米二左右的條形鋼坯的形象化俗稱。廣義上，地條鋼是指以廢鋼鐵為原料、經過感應爐等熔化、不能有效地進行成分和質量控制生產的鋼及以其為原料軋製的鋼材。地條鋼用中頻爐把廢鋼鐵熔化，再倒入簡易鑄鐵模具內冷卻而成，既不進行任何分析化驗，也無溫度等質量控制。用這種方法煉出的鋼，產品直徑、抗拉強度等均難以符合國家標準，大部分產品存在脆斷的情況，90% 以上屬於不合格產品，質量存在嚴重隱患。

加強，同周邊國家全面合作持續推進，同發展
中國家友好合作不斷深化，同聯合國等國際組
織聯繫更加密切。積極促進全球治理體系改革
與完善。推動《巴黎協定》生效。經濟外交、
人文交流成果豐碩。堅定維護國家領土主權和海洋權益。
中國作為負責任大國，在國際和地區事務中發揮了建設性
作用，為世界和平與發展作出了重要貢獻。

習近平2016年
的外交足跡

　　隆重慶祝中國共產黨成立 95 周年，隆重
紀念中國工農紅軍長征勝利 80 周年，宣示了
我們不忘初心、繼續前進、戰勝一切困難的堅
強意志，彰顯了全國人民走好新的長征路、不
斷奪取新勝利的堅定決心！

習近平：不忘
初心、繼續
前進

　　各位代表！

　　過去一年取得的成績，是以習近平同志為
核心的黨中央正確領導的結果，是全黨全軍全
國各族人民團結奮鬥的結果。我代表國務院，
向全國各族人民，向各民主黨派、各人民團體和各界人
士，表示誠摯感謝！向香港特別行政區同胞、澳門特別行
政區同胞、台灣同胞和海外僑胞，表示誠摯感謝！向關心
和支持中國現代化建設事業的各國政府、國際組織和各國
朋友，表示誠摯感謝！

紀念紅軍長征
勝利80周年文
藝晚會剪影

　　我們也清醒看到，經濟社會發展中還存在不少困難和問題。經濟增長內生動力仍需增強，部分行業產能過剩嚴重，一些企業生產經營困難較多，地區經濟走勢分化，財政收支矛盾較大，經濟金融風險隱患不容忽視。環境污染形勢依然嚴峻，特別是一些地區嚴重霧霾頻發，治理措施需要進一步加強。在住房、教育、醫療、養老、食品藥品安全、收入分配等方面，人民群眾還有不少不滿意的地方。煤礦、建築、交通等領域發生了一些重大安全事故，令人痛心。政府工作存在不足，有些改革舉措和政策落實不到位，涉企收費多、群眾辦事難等問題仍較突出，行政執法中存在不規範不公正不文明現象，少數幹部懶政怠政、推諉扯皮，一些領域腐敗問題時有發生。我們一定要直面挑戰，敢於擔當，全力以赴做好政府工作，不辱歷史使命，不負人民重託。

二、2017 年工作總體部署

　　今年將召開中國共產黨第十九次全國代表大會，是黨和國家事業發展中具有重大意義的一年。做好政府工作，要在以習近平同志為核心的黨中央領導下，高舉中國特色社會主義偉大旗幟，全面貫徹黨的十八大和十八屆三中、四中、五中、六中全會精神，以鄧小平理論、「三個代表」重要思想、科學發展觀為指導，深入貫徹習近平總書記系列重要講話精神和治國理政新理念新思想新戰略，統籌推進「五位一體」總體佈局和協調推進「四個全面」戰略佈局，堅持穩中求進工作總基調，牢固樹立和貫徹落實新發展理念，適應把握引領經濟發展新常態，堅持以提高發展質量和效益為中心，堅持宏觀政策要穩、產業政策要準、微觀政策要活、改革政策要實、社會政策要托底的政策思路，堅持以推進供給側結構性改革為主線，適度擴大總需求，加強預期引導，深化創新驅動，全面做好穩增長、促改革、調結構、惠民生、防風險各項工作，保持經濟平穩健康發展和社會和諧穩定，以優異成績迎接黨的十九大勝利召開。

　　綜合分析國內外形勢，我們要做好應對更加複雜嚴峻

「逆全球化」
升溫，損害全
球經濟復甦

局面的充分準備。世界經濟增長低迷態勢仍在延續，「逆全球化」思潮和保護主義傾向抬頭，主要經濟體政策走向及外溢效應變數較大，不穩定不確定因素明顯增加。我國發展處在爬坡過坎的關鍵階段，經濟運行存在不少突出矛盾和問題。困難不容低估，信心不可動搖。我國物質基礎雄厚、人力資源充裕、市場規模龐大、產業配套齊全、科技進步加快、基礎設施比較完善，經濟發展具有良好支撐條件，宏觀調控還有不少創新手段和政策儲備。我們堅信，有黨的堅強領導，堅持黨的基本路線，堅定不移走中國特色社會主義道路，依靠人民群眾的無窮創造力，萬眾一心、奮力拚搏，我國發展一定能夠創造新的輝煌。

今年發展的主要預期目標是：國內生產總值增長 6.5%

名詞解釋	外溢效應是指外商直接投資對東道國相關產業或企業的產品開發技術、生產技術、管理技術、營銷技術等方面產生的影響。通過對發達國家、發展中國家和轉型經濟體中的外商直接投資（FDI）所產生的技術外溢的比較，FDI 確實對東道國經濟存在著外溢效應，外溢效應的規模和範圍對不同經濟體效果不同。東道國和東道國工業的特徵以及它們之間的系統差異決定了 FDI 的外溢效應。這些外溢效應是否容易實現，取決於東道國公司從事投資和學習吸收外國知識和技能的能力和動機。
外溢效應	

左右，在實際工作中爭取更好結果；居民消費價格漲幅 3% 左右；城鎮新增就業 1,100 萬人以上，城鎮登記失業率 4.5% 以內；進出口回穩向好，國際收支基本平衡；居民收入和經濟增長基本同步；單位國內生產總值能耗下降 3.4% 以上，主要污染物排放量繼續下降。

李克強：增長 6.5% 不低了，也不容易

今年的經濟增長預期目標，符合經濟規律和客觀實際，有利於引導和穩定預期、調整結構，也同全面建成小康社會要求相銜接。穩增長的重要目的是為了保就業、惠民生。今年就業壓力加大，要堅持就業優先戰略，實施更加積極的就業政策。城鎮新增就業預期目標比去年多 100 萬人，突出了更加重視就業的導向。從經濟基本面和就業

國內生產總值增長 6.5% 左右，在實際工作中爭取更好結果	居民消費價格漲幅 3% 左右	城鎮新增就業 1,100 萬人以上，城鎮登記失業率 4.5% 以內

‹ ‹ ‹ ‹ ‹ ‹ 2017 年發展主要預期目標 › › › › › ›

進出口回穩向好，國際收支基本平衡	居民收入和經濟增長基本同步	單位國內生產總值能耗下降 3.4% 以上，主要污染物排放量繼續下降

吸納能力看，這一目標通過努力是能夠實現的。

今年要繼續實施積極的財政政策和穩健的貨幣政策，在區間調控基礎上加強定向調控、相機調控，提高預見性、精準性和有效性，注重消費、投資、區域、產業、環保等政策的協調配合，確保經濟運行在合理區間。

財政政策要更加積極有效。今年赤字率擬按 3% 安排，財政赤字 2.38 萬億元，比去年增加 2,000 億元。其

〔權威解讀〕

如何看待今年經濟增長預期目標 6.5% 左右

何立峰（國家發改委主任）

中國的經濟增長從原來的高速向中高速轉變，前五年大體上有三年經濟增長幅度為 7% 到 8% 左右，有兩年是 6.5% 到 7% 之間，去年是 6.7%，這是逐步緩慢地回落，但每一年經濟增量和上一年的經濟增量相比，都是增加的。

今年的經濟增長目標在 6.5% 左右、在實際工作中爭取更好結果，我覺得要從兩個方面來看：一是確實有這種必要性，因為中國是一個有將近 14 億人口的大國，就業是一個很重要的問題，沒有一定的經濟發展速度，要解決新增工作崗位是很困難的。按照我們的經驗認識，現在經濟每增長一個百分點，大體上可以創造新增就業崗位 170 萬人。我們今年的就業目標 1,100 萬人以上，僅大學畢業生將近 800 萬人，還有其他新增的城鎮和農村就業人口。二是經濟發展到 2020 年實現全面建成小康社會，還有很多民生以及其他方面的短板要補，需要經濟保持中高速增長。有沒有可能呢？我們認真分析了以後，認為可能性非常之大。去年經濟平穩健康發展，為今年的發展奠定了比較扎實的基礎，特別是隨著供給側結構性改革深入推進，將會創造更多的條件、更好的環境。

中，中央財政赤字 1.55 萬億元，地方財政赤字 8,300 億元。安排地方專項債券 8,000 億元，繼續發行地方政府置換債券。今年赤字率保持不變，主要是為了進一步減稅降費，全年再減少企業稅負 3,500 億元左右、涉企收費約 2,000 億元，一定要讓市場主體有切身感受。財政預算安排要突出重點、有保有壓，加大力度補短板、惠民生。對地方一般性轉移支付規模增長 9.5%，重點增加均衡性轉移支付和困難地區財力補助。壓縮非重點支出，減少對績效不高項目的預算安排。各級政府要堅持過緊日子，中央部門要帶頭，一律按不低於 5% 的幅度壓減一般性支出，

〔權威解讀〕

減稅降費，給企業減負
肖捷（財政部部長）

今年，我們將繼續實施減稅降費政策，目的是進一步減輕企業負擔。今年的政府工作報告和預算報告都提出，要繼續完善營改增試點政策，其中一個重要的舉措，就是將增值稅的稅率檔次由四檔簡併至三檔，目的就是要營造更加公平的稅收環境，減輕企業負擔，擴大減稅效應。同時，在今年減稅政策的安排中，還有兩項是專門為中小微企業制定的減稅政策，一項就是讓更多的中小微企業能夠享受企業所得稅減半徵收的優惠，也就是說，凡是年應納稅所得額在 50 萬元以下的小微企業，都可以享受減半徵收的優惠。而在此之前，只有年應納稅所得額在 30 萬元以下的企業，才能享受企業所得稅減半徵收的優惠。這一政策調整，會有更多的小微企業受益。

第二項就是支持科技型中小企業發展，將研發費用加計扣除的比

〔權威解讀〕

減稅降費，給企業減負

例由 50% 提高到了 75%，也就是說，在計算企業所得稅的時候，中小企業可以將更多的研發費用在稅前扣除。作為財政來說，這項政策也要減收，但是我們認為，這項政策更有助於進一步提高中小企業的科技創新能力，用財政減收換來中小企業科技創新能力的提高是值得的。另外，在今年的減稅政策安排中，還明確有六項去年底已經到期的稅收優惠政策今年將繼續實施，包括支持重點群體的創業就業等。實施上述減稅政策，可以在去年減輕企業稅收負擔 5,000 多億元的基礎上，預計今年再進一步減輕企業稅負 3,500 億元左右。

降費問題，也是今年政府工作報告和預算報告都明確提出的要求。在這方面，財政部重點是做好兩項工作。一是全面清理規範政府性基金，包括取消城市公用事業附加等基金，授權地方政府自主減免部分基金。這項改革措施到位之後，全國政府性基金還剩 21 項。二是取消或停徵 35 項涉企行政事業性收費，中央涉企收費項目減少一半以上，還剩 33 項。我們將在財政部官方網站上公佈具體的中央和省級的基金和收費目錄的清單。另外，有關方面還要進一步清理規範經營服務性收費，適當降低「五險一金」有關繳費比例。以上提到的這些減費措施，今年預計將再減少涉企收費約 2,000 億元。今年的減稅降費政策給企業直接減輕的稅費負擔加在一起，約有 5,500 億元。

名詞解釋

節用裕民

出自《荀子·富國》：「足國之道，節用裕民，而善臧其餘。」意為使國家富足的途徑，就是節約用度，使人民過富裕的生活，並善於儲備那些節餘的糧食財物。

根據政府工作報告起草組成員介紹，今年報告中的「堅守節用裕民的正道」這句話，是李克強總理親自加上的。

決不允許增加「三公」經費，擠出更多資金用於減稅降費，堅守節用裕民的正道。

貨幣政策要保持穩健中性。今年廣義貨幣 M2 和社會融資規模餘額預期增長均為 12% 左右。要綜合運用貨幣政策工具，維護流動性基本穩定，合理引導市場利率水平，疏通傳導機制，促進金融資源更多流向實體經濟，特別是支持「三農」和小微企業。堅持匯率市場化改革方向，保持人民幣在全球貨幣體系中的穩定地位。

做好今年政府工作，要把握好以下幾點。一是貫徹穩中求進工作總基調，保持戰略定力。穩是大局，要著力穩增長、保就業、防風險，守住金融安全、民生保障、環境保護等方面的底線，確保經濟社會大局穩定。在穩的前提下要勇於進取，深入推進改革，加快結構調整，敢於啃「硬骨頭」，努力在關鍵領域取得新進展。二是堅持以推進供給側結構性改革為主線。必須把改善供給側結構作為主攻方向，通過簡政減稅、放寬准入、鼓勵創新，持續激發微觀主體活力，減少無效低效供給、擴大有效供給，更好適應和引導需求。這是一個化蛹成蝶的轉型升級過程，既充滿希望又伴隨陣痛，既非常緊迫又艱巨複雜。要勇往直前，堅決闖過這個關口。三是適度擴大總需求並提高有效性。我國內需潛力巨大，擴內需既有必要也有可能，關

鍵是找準發力點。要圍繞改善民生來擴大消費，著眼補短板、增後勁來增加投資，使擴內需更加有效、更可持續，使供給側改革和需求側管理相輔相成、相得益彰。四是依靠創新推動新舊動能轉換和結構優化升級。我國發展到現在這個階段，不靠改革創新沒有出路。我們擁有世界上數量最多、素質較高的勞動力，有最大規模的科技和專業技能人才隊伍，蘊藏著巨大的創新潛能。要堅持以改革開放為動力、以人力人才資源為支撐，加快創新發展，培育壯大新動能、改造提升傳統動能，提高全要素生產率，推動經濟保持中高速增長、產業邁向中高端水平。五是著力解決人民群眾普遍關心的突出問題。政府的一切工作都是為了人民，要踐行以人民為中心的發展思想，把握好我國處

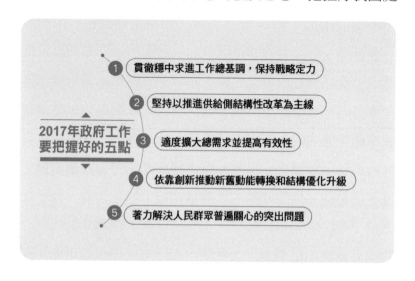

2017年政府工作要把握好的五點

1 貫徹穩中求進工作總基調，保持戰略定力
2 堅持以推進供給側結構性改革為主線
3 適度擴大總需求並提高有效性
4 依靠創新推動新舊動能轉換和結構優化升級
5 著力解決人民群眾普遍關心的突出問題

2016 年 12 月 21 日，習近平在主持召開中央財經領導小組第 14 次會議時強調，推進北方地區冬季清潔取暖等 6 個問題，都是大事，是重大的民生工程、民心工程（漫畫形象：兔爺動漫）

動漫 MV《習近平關心的這六件事》（來源：新華社）

於社會主義初級階段的基本國情。對群眾反應強烈、期待迫切的問題，有條件的要抓緊解決，把好事辦好；一時難以解決的，要努力創造條件逐步加以解決。我們要咬定青山不放鬆，持之以恆為群眾辦實事、解難事，促進社會公平正義，把發展硬道理更多體現在增進人民福祉上。

三、2017 年重點工作任務

面對今年艱巨繁重的改革發展穩定任務，我們要通觀全局、統籌兼顧，突出重點、把握關鍵，正確處理好各方面關係，著重抓好以下幾個方面工作。

（一）用改革的辦法深入推進「三去一降一補」。要在鞏固成果基礎上，針對新情況新問題，完善政策措施，努力取得更大成效。

扎實有效去產能。今年要再壓減鋼鐵產能 5,000 萬噸左右，退出煤炭產能 1.5 億噸以上。同時，要淘汰、停建、緩建煤電產能 5,000 萬千瓦以上，以防範化解煤電產能過剩風險，提高煤電行業效率，優化能源結構，為清潔能源發展騰空間。要嚴格執行環保、能耗、質量、安全等相關法律法規和標準，更多運用市場化法治化手段，有效處置「殭屍企業」，推動企業兼併重組、破產清算，堅決淘汰不達標的落後產能，嚴控過剩行業新上產能。去產能必須安置好職工，中央財政專項獎補資金要及時撥付，地方和企業要落實相關資金與措施，確保分流職工就業有出路、生活有保障。

因城施策去庫存。目前三四線城市房地產庫存仍然較

多，要支持居民自住和進城人員購房需求。堅持住房的居
住屬性，落實地方政府主體責任，加快建立和完善促進房
地產市場平穩健康發展的長效機制，健全購租並舉的住房
制度，以市場為主滿足多層次需求，以政府為主提供基本
保障。加強房地產市場分類調控，房價上漲壓力大的城市
要合理增加住宅用地，規範開發、銷售、中介等行為，遏
制熱點城市房價過快上漲。目前城鎮還有幾千萬人居住在
條件簡陋的棚戶區，要持續進行改造。今年再完成棚戶區

深入推進「三去一降一補」

扎實有效
去 產 能
今年要再壓減鋼鐵產能 5,000 萬噸左右
退出煤炭產能 1.5 億噸以上
同時，要淘汰、停建、緩建煤電產能
5,000 萬千瓦以上

因城施策
去 庫 存
今年再完成
棚戶區住房改造 600 萬套

積極穩妥
去 槓 桿

多措並舉
降 成 本
擴大小微企業享受減半徵收所得稅優惠的範圍
年應納稅所得額上限由 30 萬元提高到 50 萬元
科技型中小企業研發費用加計扣除比例由 50%
提高到 75%
取消或停徵中央涉企行政事業性收費 35 項
收費項目再減少一半以上

精準加力
補 短 板
今年再減少農村貧困人口 1,000 萬以上
完成易地扶貧搬遷 340 萬人
中央財政專項扶貧資金增長 30% 以上

住房改造 600 萬套，繼續發展公租房等保障性住房，因地
制宜、多種方式提高貨幣化安置比例，加強配套設施建設
和公共服務，讓更多住房困難家庭告別棚戶區，讓廣大人
民群眾在住有所居中創造新生活。

　　積極穩妥去槓桿。我國非金融企業槓桿率較高，這與
儲蓄率高、以信貸為主的融資結構有關。要在控制總槓桿
率的前提下，把降低企業槓桿率作為重中之重。促進企業
盤活存量資產，推進資產證券化，支持市場化法治化債轉

資產證券化

　　資產證券化（Asset Securitization）是以基礎資產未來所產生的
現金流為償付支持，通過結構化設計進行信用增級，在此基礎上發行
資產支持證券的過程。它是以特定資產組合或特定現金流為支持，發
行可交易證券的一種融資形式。資產證券化是一種被廣泛採用的金融
創新工具：一是實體資產證券化，即實體資產向證券資產的轉換，是
以實物資產和無形資產為基礎發行證券並上市的過程。二是信貸資產
證券化，就是將一組流動性較差信貸資產，如銀行的貸款、企業的應
收賬款，經過重組形成資產池，使這組資產所產生的現金流收益比較
穩定並且預計今後仍將穩定，再配以相應的信用擔保，在此基礎上把
這組資產所產生的未來現金流的收益權轉變為可以在金融市場上流
動、信用等級較高的債券型證券進行發行的過程。三是證券資產證券
化，即證券資產的再證券化過程，就是將證券或證券組合作為基礎資
產，再以其產生的現金流或與現金流相關的變量為基礎發行證券。四
是現金資產證券化，是指現金的持有者通過投資將現金轉化成證券的
過程。

名詞解釋	債轉股（Debt for Equity Swap）是指由金融資產管理公司作為投資主體，將商業銀行原有的不良信貸資產轉為金融資產管理公司對企業的股權。它不是將企業債務轉為國家資本金，也不是將企業債務一筆勾銷，而是由原來的債權債務關係轉變為金融資產管理公司與企業間的持股與被持股、控股與被控股的關係，由原來的還本付息轉變為按股分紅。
債轉股	

股，發展多層次資本市場，加大股權融資力度，強化企業特別是國有企業財務槓桿約束，逐步將企業負債降到合理水平。

多措並舉降成本。擴大小微企業享受減半徵收所得稅優惠的範圍，年應納稅所得額上限由 30 萬元提高到 50 萬元；科技型中小企業研發費用加計扣除比例由 50% 提高到 75%，千方百計使結構性減稅力度和效應進一步顯現。名目繁多的收費使許多企業不堪重負，要大幅降低非稅負擔。一是全面清理規範政府性基金，取消城市公用事業附加等基金，授權地方政府自主減免部分基金。二是取消或停徵中央涉企行政事業性收費 35 項，收費項目再減少一半以上，保留的項目要盡可能降低收費標準。各地也要削減涉企行政事業性收費。三是減少政府定價的涉企經營性收費，清理取消行政審批中介服務違規收費，推動降低金融、鐵路貨運等領域涉企經營性收費，加強對市場調

節類經營服務性收費的監管。四是繼續適當降低「五險一金」有關繳費比例。五是通過深化改革、完善政策，降低企業制度性交易成本，降低用能、物流等成本。各有關部門和單位都要捨小利顧大義，使企業輕裝上陣，創造條件形成我國競爭新優勢。

精準加力補短板。要針對嚴重制約經濟社會發展和民生改善的突出問題，結合實施「十三五」規劃確定的重大項目，加大補短板力度，加快提升公共服務、基礎設施、創新發展、資源環境等支撐能力。

貧困地區和貧困人口是全面建成小康社會最大的短板。要深入實施精準扶貧精準脫貧，今年再減少農村貧困人口 1,000 萬以上，完成易地扶貧搬遷 340 萬人。中央財政專項扶貧資金增長30%以上。加強集中連片特困地區、革命老區、邊疆和民族地區開發，改善基礎設施和公共服務，推動特色產業發展、勞務輸出、教育和健康扶貧，做好因病等致貧返貧群眾幫扶，實施貧困村整體提升工程，增強貧困地區和貧困群眾自我發展能力。推進貧困縣涉農資金整合，強化資金和項目監管。創新扶貧協作機制，支持和引導社會力量參與扶貧。切實落實脫貧攻堅責任制，實施最嚴格的評估考核，嚴肅查處假脫貧、「被脫貧」、數字脫貧，確保脫貧得到群眾認可、經得起歷史檢驗。

（二）**深化重要領域和關鍵環節改革**。要全面深化各領域改革，加快推進基礎性、關鍵性改革，增強內生發展動力。

持續推進政府職能轉變。使市場在資源配置中起決定性作用和更好發揮政府作用，必須深化簡政放權、放管結合、優化服務改革。這是政府自身的一場深刻革命，要繼續以壯士斷腕的勇氣，堅決披荊斬棘向前推進。全面實行清單管理制度，制定國務院部門權力和責任清單，加快擴大市場准入負面清單試點，減少政府的自由裁量權，增加市場的自主選擇權。清理取消一批生產和服務許可證。深化商事制度改革，實行多證合一，擴大「證照分離」改革試點。完善事中事後監管制度，實現「雙隨機、一公開」監管全覆蓋，推進綜合行政執法。加快國務院部門和地方

〔權威解讀〕

脫貧攻堅絕對不能打折扣
劉永富（國務院扶貧辦主任）

脫貧攻堅要在 2017 年確保現行標準下的貧困人口脫貧、貧困縣摘帽、消除區域性貧困，是中國共產黨提出的奮鬥目標，必須要完成。我們今年在具體辦法上還要找出最困難的「堅」，在邊疆民族地區、在貧困村要加大支持。我們國家貧困村有 12.8 萬個，佔國家行政村的 20% 左右，有 60% 的貧困人口是在貧困村，所以，必須加強對貧困村的支持。

政府信息系統互聯互通，形成全國統一政務服務平台。我們一定要讓企業和群眾更多感受到「放管服」改革成效，著力打通「最後一公里」，堅決除煩苛之弊、施公平之策、開便利之門。

名詞解釋 清單管理制度	清單管理是指針對某項職能範圍內的管理活動，分析流程，建立台賬，並對流程內容進行細化量化，形成清單，明確控制要點，檢查考核按清單執行。清單管理能方便快捷地反映出動態化的痕跡，能追溯到整個管理過程的來龍去脈。清單管理制度是參照清單管理流程制定權力清單、責任清單和負面清單：權力清單即明確政府該做什麼，做到「法無授權不可為」；責任清單即明確政府該怎麼管市場，做到「法定責任必須為」；負面清單即明確企業不該幹什麼，做到「法無禁止皆可為」。

　　繼續推進財稅體制改革。落實和完善全面推開營改增政策。簡化增值稅稅率結構，今年由四檔稅率簡併至三檔，營造簡潔透明、更加公平的稅收環境，進一步減輕企業稅收負擔。加快推進中央與地方財政事權和支出責任劃分改革，制定收入劃分總體方案，健全地方稅體系，規範地方政府舉債行為。深入推進政府預決算公開，倒逼沉澱資金盤活，提高資金使用效率，每一筆錢都要花在明處、用出實效。

　　抓好金融體制改革。促進金融機構突出主業、下沉重心，增強服務實體經濟能力，堅決防止脫實向虛。鼓勵大中型商業銀行設立普惠金融事業部，國有大型銀行要率先做到，實行差別化考核評價辦法和支持政策，有效緩解中小微企業融資難、融資貴問題。發揮好政策性開發性金融作用。推進農村信用社改革，強化服務「三農」功能。深化多層次資本市場改革，完善主板市場基礎性制度，積極發展創業板、新三板，規範發展區域性股權市場。拓寬保險資金支持實體經濟渠道。大力發展綠色金融。推動融資租賃業健康發展。當前系統性風險總體可控，但對不良資產、債券違約、影子銀行、互聯網金融等累積風險要高度警惕。積極穩妥推進金融監管體制改革，有序化解處置突出風險點，整頓規範金融秩序，築牢金融風險「防火

名詞解釋 區域性股權市場	區域性股權交易市場是為特定區域內的企業提供股權、債券的轉讓和融資服務的私募市場，是我國多層次資本市場建設中必不可少的重要組成部分。對於促進企業特別是中小微企業的股權交易和融資，鼓勵科技創新和激活民間資本，加強對實體經濟薄弱環節的支持，具有積極作用。 　　中國資本市場分為交易所市場和場外市場，交易所市場包括主板、中小板和創業板；場外市場包括全國中小企業股份轉讓系統（新三板）和區域股權市場（俗稱四板市場）。

牆」。我國經濟基本面好，商業銀行資本充足率、撥備覆蓋率比較高，可動用的工具和手段多。對守住不發生系統性金融風險的底線，我們有信心和底氣、有能力和辦法。

創業板、新三板

創業板（Growth Enterprises Market Board），又稱二板市場（Second-Board Market）即第二股票交易市場，是與主板市場（Main-Board Market）不同的一類證券市場，專為暫時無法在主板上市的創業型企業、中小企業和高科技產業企業等需要進行融資和發展的企業提供融資途徑和成長空間的證券交易市場，是對主板市場的重要補充，在資本市場有著重要的位置。在中國，創業板的市場代碼是 300 開頭的。創業板與主板市場相比，上市要求往往更加寬鬆，主要體現在成立時間、資本規模、中長期業績等的要求上。創業板市場最大的特點就是低門檻進入，嚴要求運作，有助於有潛力的中小企業獲得融資機會。在創業板市場上市的公司大多從事高科技業務，具有較高的成長性，但往往成立時間較短規模較小，業績也不突出，但有很大的成長空間。可以說，創業板是一個門檻低、風險大、監管嚴格的股票市場，也是孵化科技型、成長型企業的搖籃。

新三板市場原指中關村科技園區非上市股份有限公司進入代辦股份系統進行轉讓試點，因掛牌企業均為高科技企業而不同於原轉讓系統內的退市企業及原 STAQ、NET 系統掛牌公司，故形象地稱為「新三板」。目前，新三板不再侷限於中關村科技園區非上市股份有限公司，也不侷限於天津濱海、武漢東湖以及上海張江等試點地的非上市股份有限公司，而是全國性的非上市股份有限公司股權交易平台，主要針對的是中小微型企業。

深入推進國企國資改革。要以提高核心競爭力和資源配置效率為目標，形成有效制衡的公司法人治理結構、靈活高效的市場化經營機制。今年要基本完成公司制改革。深化混合所有制改革，在電力、石油、天然氣、鐵路、民航、電信、軍工等領域邁出實質性步伐。抓好電力和石油天然氣體制改革，開放競爭性業務。持續推進國有企業瘦身健體、提質增效，抓緊剝離辦社會職能，解決歷史遺留問題。推進國有資本投資、運營公

影子銀行

　　影子銀行系統（The Shadow Banking System）又稱為平行銀行系統（The Parallel Banking System），包括投資銀行、對沖基金、貨幣市場基金、債券、保險公司、結構性投資工具（SIV）等非銀行金融機構。影子銀行 2007 年由美聯儲年度會議提出，是美國次貸危機爆發之後出現的一個重要金融學概念。它通過銀行貸款證券化進行信用無限擴張，其核心是把傳統的銀行信貸關係演變為隱藏在證券化中的信貸關係，這種信貸關係看上去像傳統銀行，但僅是行使傳統銀行的功能而沒有傳統銀行的組織機構，即類似一個「影子銀行」體系的存在。影子銀行是游離於銀行監管體系之外、可能引發系統性風險和監管套利等問題的信用中介體系（包括各類相關機構和業務活動）。影子銀行引發系統性風險的因素主要包括四個方面：期限錯配、流動性轉換、信用轉換和高槓桿。目前中國的影子銀行並不單指有多少單獨的機構，更多是闡釋規避監管的功能，主要有銀行理財產品、非銀行金融機構貸款產品和民間借貸三種存在形式。

司改革試點。改善和加強國有資產監管，確保資產保值增值，把人民的共同財富切實守護好、發展好。

更好激發非公有制經濟活力。深入落實支持非公有制經濟發展的政策措施。積極構建新型政商關係。鼓勵非公有制企業參與國有企業改革。堅持權利平等、機會平等、規則平等，進一步放寬非公有制經濟市場准入。凡法律法規未明確禁入的行業和領域，都要允許各類市場主體平等進入；凡向外資開放的行業和領域，都要向民間資本開放；凡影響市場公平競爭的不合理行為，都要堅決制止。

加強產權保護制度建設。保護產權就是保護勞動、保護發明創造、保護和發展生產力。要加快完善產權保護制度，依法保障各種所有制經濟組織和公民財產權，激勵人們創業創新創富，激發和保護企業家精神，使企業家安心經營、放心投資。對於侵害企業和公民產權的行為，必須嚴肅查處、有錯必糾。

大力推進社會體制改革。深化收入分配制度配套改革。穩步推動養老保險制度改革，劃轉部分國有資本充實社保基金。深化醫療、醫保、醫藥聯動改革。全面推開公立醫院綜合改革，全部取消藥品加成，協調推進醫療價格、人事薪酬、藥品流通、醫保支付方式等改革。深入推進教育、文化和事業單位等改革，把社會領域的巨大發展

潛力充分釋放出來。

深化生態文明體制改革。完善主體功能區制度和生態補償機制，建立資源環境監測預警機制，開展健全國家自然資源資產管理體制試點，出台國家公園體制總體方案，為生態文明建設提供有力的制度保障。

（三）進一步釋放國內需求潛力。推動供給結構和需求結構相適應、消費升級和有效投資相促進、區域城鄉發展相協調，增強內需對經濟增長的持久拉動作用。

促進消費穩定增長。適應消費需求變化，完善政策措施，改善消費環境。一要加快發展服務消費。開展新一輪服務業綜合改革試點，支持社會力量提供教育、文化、養老、醫療等服務。推動服務業模式創新和跨界融合，發展醫養結合、文化創意等新興消費。落實帶薪休假制度，完

名詞解釋	國家公園體制是一種資源保護與開發利用實現雙贏的管理體系，是讓生態環境與旅遊消費達到共存的國際慣例和普遍適用的規律。國家公園是美國風景畫家喬治・卡特林（George Catlin）於 1832 年提出的一種保護地模式，目前已成為全球公認的保護地典範。
國家公園體制	2015 年初，國家發改委等 13 個部門聯合印發了《建立國家公園體制試點方案》。目前，中國已在北京、吉林、黑龍江、浙江、福建、湖北、湖南、雲南、青海等 9 個省市開展了國家公園體制試點。

善旅遊設施和服務，大力發展鄉村、休閒、全域旅遊。擴大數字家庭、在線教育等信息消費。促進電商、快遞進社區進農村，推動實體店銷售和網購融合發展。二要增加高品質產品消費。引導企業增品種、提品質、創品牌，擴大內外銷產品「同線同標同質」實施範圍，更好滿足消費升級需求。三要整頓和規範市場秩序。嚴肅查處假冒偽劣、虛假廣告、價格欺詐等行為，加強消費者權益保護，讓群眾花錢消費少煩心、多舒心。

積極擴大有效投資。引導資金更多投向補短板、調結構、促創新、惠民生的領域。今年要完成鐵路建設投資

延伸閱讀

全域旅遊

全域旅遊是指在一定區域內，以旅遊業為優勢產業，通過對區域內的經濟社會資源，尤其是旅遊資源、相關產業、生態環境、公共服務、體制機制、政策法規、文明素質等進行全方位、系統化的優化提升，實現區域資源有機整合、產業融合發展、社會共建共享，以旅遊業帶動和促進經濟社會協調發展的一種新的區域協調發展理念和模式。在全域旅遊中，各行業積極融入其中，各部門齊抓共管，全城居民共同參與，充分利用目的地全部的吸引物要素，為前來旅遊的遊客提供全過程、全時空的體驗產品，從而全面地滿足遊客的全方位體驗需求。因此，全域旅遊是旅遊產業的全景化、全覆蓋，是資源優化、空間有序、產品豐富、產業發達的科學的系統旅遊，要求全社會參與、全民參與旅遊業，透過消除城鄉二元結構，實現城鄉一體化，全面推動產業建設和經濟提升。

8,000 億元、公路水運投資 1.8 萬億元，再開工 15 項重大水利工程，繼續加強軌道交通、民用和通用航空、電信基礎設施等重大項目建設。中央預算內投資安排 5,076 億元。落實和完善促進民間投資的政策措施。深化政府和社會資本合作，完善相關價格、稅費等優惠政策，政府要帶頭講誠信，決不能隨意改變約定，決不能「新官不理舊賬」。

優化區域發展格局。統籌推進三大戰略和「四大板塊」發展，實施好相關規劃，研究制定新舉措。推動國家級新區、開發區、產業園區等創新發展。支持資源枯竭、生態嚴重退化等地區經濟轉型發展。優化空域資源配置。推進海洋經濟示範區建設，加快建設海洋強國，堅決維護國家海洋權益。

扎實推進新型城鎮化。深化戶籍制度改革，今年實現進城落戶 1,300 萬人以上，加快居住證制度全覆蓋。支持中小城市和特色小城鎮發展，推動一批具備條件的縣和特大鎮有序設市，發揮城市群輻射帶動作用。促進「多規合一」，提升城市規劃設計水平。推進建築業改革發展，提高工程質量。統籌城市地上地下建設，加強城市地質調查，再開工建設城市地下綜合管廊 2,000 公里以上，啟動消除城區重點易澇區段三年行動，推進海綿城市建設，有

效治理交通擁堵等「城市病」，使城市既有「面子」、
更有「裡子」。

（四）以創新引領實體經濟轉型升級。實體經濟從
來都是我國發展的根基，當務之急是加快轉型升級。要
深入實施創新驅動發展戰略，推動實體經濟優化結構，
不斷提高質量、效益和競爭力。

提升科技創新能力。完善對基礎研究和原創性研究

海綿城市

　　海綿城市是新一代城市雨洪管理概念，指城市在適應環境變化和
應對雨水帶來的自然災害等方面具有良好的「彈性」，也稱為「水彈
性城市」，國際通用術語為「低影響開發雨水系統構建」，下雨時吸水、
蓄水、滲水、淨水，需要時將蓄存的水「釋放」並加以利用。2013
年 12 月 12 日，習近平在中央城鎮化工作會議上所作的講話中強調：
提升城市排水系統時要優先考慮把有限的雨水留下來，優先考慮更多
利用自然力量排水，建設自然存積、自然滲透、自然淨化的海綿城市。
國務院辦公廳 2015 年 10 月印發的《關於推進海綿城市建設的指導
意見》指出，建設海綿城市，統籌發揮自然生態功能和人工干預功能，
有效控制雨水徑流，實現自然積存、自然滲透、自然淨化的城市發展
方式，有利於修復城市水生態、涵養水資源，增強城市防澇能力，擴
大公共產品有效投資，提高新型城鎮化質量，促進人與自然和諧發展。
意見明確，通過海綿城市建設，最大限度地減少城市開發建設對生態
環境的影響，將 70% 的降雨就地消納和利用。到 2020 年，城市建成
區 20% 以上的面積達到目標要求；到 2030 年，城市建成區 80% 以
上的面積達到目標要求。

的長期穩定支持機制，建設國家重大科技基礎設施和技術創新中心，打造科技資源開放共享平台。推進全面創新改革試驗。改革科技評價制度。切實落實高校和科研院所自主權，落實股權期權和分紅等激勵政策，落實科研經費和項目管理制度改革，讓科研人員不再為雜事瑣事分心勞神。

開展知識產權綜合管理改革試點，完善知識產權創造、保護和運用體系。深化人才發展體制改革，實施更加有效的人才引進政策，廣聚天下英才，充分激發科研人員積極性，定能成就創新大業。

加快培育壯大新興產業。全面實施戰略性新興產業發展規劃，加快新材料、新能源、人工智能、集成電路、生物製藥、第五代移動通信等技術研發和轉化，做大做強產業集群。支持和引導分享經濟發展，提高社會資源利用效率，便利人民群眾生活。本著鼓勵創新、包容審慎原則，

名詞解釋

第五代移動通信

與 4G、3G、2G 不同，第五代移動通信即 5G，並不是一個單一的無線接入技術，而是多種新型無線接入技術和現有無線接入技術演進集成後的解決方案總稱。5G 是面向 2020 年移動通信發展的新一代移動通信系統，具有超高的頻譜利用率和超低的功耗，在傳輸速率、資源利用、無線覆蓋性能和用戶體驗等方面將比 4G 有顯著提升。

制定新興產業監管規則，引導和促進新興產業健康發展。深化統計管理體制改革，健全新興產業統計。在互聯網時代，各領域發展都需要速度更快、成本更低、安全性更高的信息網絡。今年網絡提速降費要邁出更大步伐，年內全部取消手機國內長途和漫遊費，大幅降低中小企業互聯網專線接入資費，降低國際長途電話費，推動「互聯網＋」深入發展、促進數字經濟加快成長，讓企業廣泛受益、群眾普遍受惠。

大力改造提升傳統產業。深入實施《中國製造2025》，加快大數據、雲計算、物聯網應用，以新技術新業態新模式，推動傳統產業生產、管理和營銷模式變革。把發展智能製造作為主攻方向，推進國家智能製造示範區、製造業創新中心建設，深入實施工業強基、重大裝備專項工程，大力發展先進製造業，推動中國製造向中高端邁進。完善製造強國建設政策體系，以多種方式支持技術改造，促進傳統產業煥發新的蓬勃生機。

持續推進大眾創業、萬眾創新。「雙創」是以創業創新帶動就業的有效方式，是推動新舊動能轉換和經濟結構升級的重要力量，是促進機會公平和社會縱向流動的現實渠道，要不斷引向深入。新建一批「雙創」示範基地，鼓勵大企業和科研院所、高校設立專業化眾創空間，加強對

創新型中小微企業支持，打造面向大眾的「雙創」全程服務體系，使各類主體各展其長、線上線下良性互動，使小企業鋪天蓋地、大企業頂天立地，市場活力和社會創造力競相迸發。

〔權威解讀〕

持續推進「雙創」
寧吉喆（國家發改委副主任）

近年來，中國以實施創新驅動發展戰略為引領，廣泛深入地開展「大眾創業、萬眾創新」，創新發展生態明顯優化，市場活力不斷釋放。一個很重要的標誌就是創業投資領域募集資金量，去年是前年的 1.79 倍。目前，據有關機構測算，我國早期創業活動指數為 12.84，在全球主要國家當中位於前列。

「雙創」在孵化企業、帶動就業、提升產業，推動供給側結構性改革、保持經濟運行在合理區間、促進經濟轉型升級方面都發揮著重要作用。當前就業的形勢是穩、好，「雙創」起了很大的作用。「雙創」孵化了大量企業。去年，每天新設立的企業是 1.5 萬家，如果加上個體工商戶等，每天是 4 萬多家，市場主體在「雙創」的促進下迅速增長，全國市場主體去年年底已經達到了 8,700 多萬戶。「雙創」帶動了就業。2016 年初創企業新增招聘崗位數超過了 240 萬，對新增招聘崗位的貢獻率達到了 18.7%。大學畢業生的創業率也明顯提高，去年登記的大學生創業人數達到 61.5 萬人。參與分享經濟、網絡經濟服務的人，都是幾千萬為基礎，最活躍的分享經濟、網絡經濟都和「雙創」密切相關。「雙創」還提升了產業。高技術產業、戰略性新興產業去年增長率分別達到 10.8%、10.5%，比整個規上工業的增長率 6% 高出 4 個多百分點。「雙創」平衡了供需，順應了消費需求升級趨勢，提供了大量的新產品、新服務，擴大了有效供給，滿足了多樣化的需求。

〔權威解讀〕

持續推進「雙創」

　　當然，創新創業當中也存在一些初創失敗的問題，這是世界各國都難以避免的問題。上面講的中國新設企業活躍度為 70%，這已經挺高了。作為政府最重要的就是要傾力支持創業、寬容創新失敗，為創新創業營造良好的氣氛。目前，中國成立了推動「雙創」發展的部際聯席會議，由發展改革委牽頭，28 個部門參與，各個地方也很重視「雙創」，特別是廣大創新創業者衷心擁護。不僅是中小微企業、個體工商戶和大學生創業熱情很高，大中型企業也推動設立創新創業平台，像海爾這些大企業，也都適應網絡經濟，推動創新創業。科技領域更是創新創業的重點領域。

大國工匠顧秋亮：為蛟龍號安裝特殊「眼睛」

　　全面提升質量水平。廣泛開展質量提升行動，加強全面質量管理，夯實質量技術基礎，強化質量監督，健全優勝劣汰質量競爭機制。質量之魂，存於匠心。要大力弘揚工匠精神，厚植工匠文化，恪盡職業操守，崇尚精益求精，完善激勵機制，培育眾多「中國工匠」，打造更多享譽世界的「中國品牌」，推動中國經濟發展進入質量時代。

　　（五）促進農業穩定發展和農民持續增收。深入推進農業供給側結構性改革，完善強農惠農政策，拓展農民就業增收渠道，保障國家糧食安全，推動農業現代化與新型城鎮化互促共進，加快培育農業農村發展新動能。

　　推進農業結構調整。引導農民根據市場需求發展生產，增加優質綠色農產品供給，擴大優質水稻、小麥生產，適度調減玉米種植面積，糧改飼試點面積擴大到 1,000 萬畝以上。鼓勵多渠道消化玉米庫存。支持主產區發展農產品精深加工，發展觀光農業、休閒農業，拓展產業鏈價值鏈，打造農村一二三產業融合發展新格局。

　　加強現代農業建設。加快推進農產品標準化生產、品牌創建和保護，打造糧食生產功能區、重要農產品生產保

〔權威解讀〕

農村土地問題
韓長賦（農業部部長）

　　農村土地問題，可以說是農村基本經營制度的根本問題，我們現在推進農村改革，仍然是以農民和土地的關係為主線，因為土地問題涉及糧食安全、涉及飯碗，這是我們十幾億中國人民的事。另外一個方面，涉及億萬農民的權益，所以我們在土地問題上是高度重視的。

　　土地流轉是發展現代農業的方向，因為土地作為生產性要素需要流動起來，發展現代農業需要有規模經營；同時土地流轉也是實現農民對土地權益的一個路徑，因為有些農民進城打工了，所以承包地不種了，過去是家家包地、戶戶種田，現在很多承包戶不種了，他要進城打工，他的土地需要實現它的價值，所以就流轉給願意種田的。為此，中辦和國辦專門下發過相關文件。在土地流轉當中，一個重要的問題，就是保護農民的權益。所以現在我們在進行承包地的確權登記頒證，把每一個農民承包地在哪兒、究竟有多大面積、

〔權威解讀〕

農村土地問題

地力如何、土地生產能力怎麼樣，都進行明確勘測、評估和登記，然後發一個證。農民講這叫確實權、頒鐵證，就是保護他的利益，他不用擔心了，可以安心出去打工了。另外，我們實行「三權分置」，就是把土地的集體所有權、農戶的承包權和經營權分開，使集體、承包農戶和流入土地者的權益能夠都得到保護，並且能夠平衡。

說到使用權問題，既然設定使用權，而且流入土地搞生產經營要有這個權利，當然要保護，要使它的使用權的權能也得到實現。我舉一個例子，比如，我們正在進行的土地使用權的抵押貸款試點，流入土地了，生產要用貸款，使用權也可以抵押，目前做的一般都是抵押它的預期收益，還有其他方面的探索。比如，我們對流入土地的規模生產者的保險方面的補助試點等等，這都是他的使用權的體現。因為我們政策方向也是支持土地的規模經營。當然要說明一點，就是使用權的實現不能侵害承包權和所有權。怎麼保證？就是合同約定，就是承包農戶和流入方有合同，這個合同要在農業部門進行鑒證，雙方權益都要得到保障。

現在發展適度規模經營，不僅只有土地流轉一種方式，還有一種很普遍的方式，而且我認為這是很有前景的方式，就是土地託管，有的是半託，某一個生產環節託給你管了，有的是全託，就是全年幫你種植，到年底算賬就可以了，這也是實行規模經營的一種方式。

護區、特色農產品優勢區和現代農業產業園。推進土地整治，大力改造中低產田，推廣旱作技術，新增高效節水灌溉面積 2,000 萬畝。加強耕地保護，改進佔補平衡。發展多種形式適度規模經營，是中國特色農業現代化的必由之路，離不開農業保險有力保障。今年在 13 個糧食主產省選擇部分縣市，對適度規模經營農戶實施大災保險，調整

部分財政救災資金予以支持，提高保險覆蓋面和理賠標準，完善農業再保險體系，以持續穩健的農業保險助力現代農業發展。

深化農村改革。穩步推進農村集體產權制度改革，深化農村土地制度改革試點，賦予農民更多財產權利。完善糧食等重要農產品價格形成機制和收儲制度，推進農業水價綜合改革。深化集體林權、國有林區林場、農墾、供銷社等改革。加強農村基層組織建設。健全農村「雙創」促進機制，培養更多新型職業農民，支持農民工返鄉創業，進一步採取措施鼓勵高校畢業生、退役軍人、科技人員到農村施展才華。

加強農村公共設施建設。新建改建農村公路 20 萬公里。實現農村穩定可靠供電服務和平原地區機井通電全覆蓋。完成 3 萬個行政村通光纖。提高農村飲水安全供水保證率。加大農村危房改造力度。深入推進農村人居環境整治，建設既有現代文明、又具田園風光的美麗鄉村。

（六）積極主動擴大對外開放。面對國際環境新變化和國內發展新要求，要進一步完善對外開放戰略佈局，加快構建開放型經濟新體制，推動更深層次更高水平的對外開放。

扎實推進「一帶一路」建設。堅持共商共建共享，加

快陸上經濟走廊和海上合作支點建設，構建沿線大通關合作機制。深化國際產能合作，帶動我國裝備、技術、標準、服務走出去，實現優勢互補。加強教育、科技、文化、衛生、旅遊等人文交流合作。高質量辦好「一帶一路」國際合作高峰論壇，同奏合作共贏新樂章。

促進外貿繼續回穩向好。落實和完善進出口政策，推動優進優出。擴大出口信用保險覆蓋面，對成套設備出口融資應保盡保。推進服務貿易創新發展試點，設立服務貿易創新發展引導基金。支持市場採購貿易、外貿綜合服務企業發展。加快外貿轉型升級示範基地建設。促進加工貿易向產業鏈中高端延伸、向中西部地區梯度轉移。推廣國際貿易「單一窗口」，實現全國通關一體化。增加先進技術、設備和關鍵零部件進口，促進貿易平衡發展和國內產業加快升級。

大力優化外商投資環境。修訂外商投資產業指導目錄，進一步放寬服務業、製造業、採礦業外資准入。支持外商投資企業在國內上市、發債，允許參與國家科技計劃項目。在資質許可、標準制定、政府採購、享受《中國製造 2025》政策等方面，對內外資企業一視同仁。地方政府可在法定權限範圍內，制定出台招商引資優惠政策。高標準高水平建設11個自貿試驗區，全面推廣成熟經驗。引

導對外投資健康規範發展，提升風險防範能力。中國開放
的大門會越開越大，必將繼續成為最富吸引力的外商投資
目的地。

　　推進國際貿易和投資自由化便利化。經濟全球化符合
世界各國的根本利益。中國將堅定不移推動全球經濟合
作，維護多邊貿易體制主渠道地位，積極參與多邊貿易談
判。我們願與有關國家一道，推動中國—東盟自貿區升級
議定書全面生效實施，早日結束區域全面經濟夥伴關係協

延伸閱讀

自貿試驗區

　　自貿區分為自由貿易區和自由貿易園區。自由貿易區是指兩個以
上的國家或地區，根據 WTO 相關規則簽署自由貿易協定所形成的區
域，如北美自貿區；自由貿易園區是某一國或地區在自己境內劃出的
一個特定區域，單方自主給予特殊優惠稅收和監管政策。中國的自由
貿易試驗區，既借鑒了歐美國家自由貿易園區的經驗和做法，又在提
升對外貿易、航運服務便利化環境等傳統自由貿易園區功能的基礎之
上，進一步增加了服務貿易金融領域的擴大開放，為自由貿易園區增
加了新的內涵和發展空間。中國的自貿試驗區以制度創新為核心，透
過帶動投資、金融、貿易、政府管理等一系列制度變革，構建對外合
作發展的新平台，超越了海關特殊監管區域的功能定位。

　　截至 2017 年 3 月，中國國務院共批准設立 11 個自由貿易試驗
區。2013 年 8 月，批准設立中國（上海）自由貿易試驗區；2015 年
5 月，批准設立廣東、天津、福建自由貿易試驗區；2016 年 8 月，
批准在陝西省、遼寧省、浙江省、河南省、湖北省、重慶市、四川省
設立 7 個自由貿易試驗區。

> **延伸閱讀**
>
> ### 亞太自貿區
>
> 亞太自貿區,即 Free Trade Area of the Asia-Pacific,簡稱 FTAAP。2016 年 11 月 19 日,在亞太經合組織工商領導人峰會上,習近平在題為《深化夥伴關係 增強發展動力》主旨演講中提出「推進亞太自貿區建設」的重要論述,成為此次會議中的一大特色。FTAAP 不但是中共十八大以來中國建立開放型經濟新體制背景下深度參與國際經貿規則制定的重要體現,同時也是提升中國經貿治理話語權和國際影響力的又一重要事件。
>
> FTAAP 是包括美國在內的亞太經合組織(APEC)21 個成員經濟體一致同意的計劃,自 1989 年成立伊始,APEC 就致力於內部自由貿易安排的推進。到 2008 年全球金融危機爆發,APEC 內部平均關稅從 16.9% 削減到 5.5%,內部貿易額增加了兩倍。研究表明,如果實現全球貿易便利化,可增加 1 萬億美元額外收益,創造 2,000 萬人就業。APEC 21 個成員佔全球 GDP 的 57%、貿易額的 60%,FTAAP 是整個 APEC 的共同利益所在,也是其共同訴求。

定談判,推進亞太自貿區建設。繼續與有關國家和地區商談投資貿易協定。中國是負責任的國家,作出的承諾一直認真履行,應有的權益將堅決捍衛。

(七)加大生態環境保護治理力度。加快改善生態環境特別是空氣質量,是人民群眾的迫切願望,是可持續發展的內在要求。必須科學施策、標本兼治、鐵腕治理,努力向人民群眾交出合格答卷。

藍天保衛戰:
給空氣減負,
還子孫藍天

堅決打好藍天保衛戰。今年二氧化硫、氮氧化物排放量要分別下降 3%,重點地區細顆

粒物（PM$_{2.5}$）濃度明顯下降。一要加快解決燃煤污染問題。全面實施散煤綜合治理，推進北方地區冬季清潔取暖，完成以電代煤、以氣代煤 300 萬戶以上，全部淘汰地級以上城市建成區燃煤小鍋爐。加大燃煤電廠超低排放和節能改造力度，東中部地區要分別於今明兩年完成，西部地區於 2020 年完成。抓緊解決機制和技術問題，優先保

〔權威解讀〕

如何看待 PM$_{2.5}$
陳吉寧（環保部部長）

關於 PM$_{2.5}$ 的成因，實際上是有基本的科學共識。第一是大家得搞清楚什麼是 PM$_{2.5}$？PM$_{2.5}$ 是指空氣中粒徑小於或等於 2.5 微米的顆粒物。它是一類物質的統稱，不是一個單一的物質。這裡面包括硫酸鹽、硝酸鹽、銨鹽、有機化合物、元素碳等等。這是第一個要搞清楚的概念。第二，PM$_{2.5}$ 是怎麼形成的？這是問題的所在。PM$_{2.5}$ 包括兩個部分，一部分是由於自然界或者是我們人類活動，或者污染源直接產生的。有一些是我們直接排放的，或者自然界本身就有的，我們把這個叫做一次排放。還有一部分是大氣中的氣態物質，比如說二氧化硫、氮氧化物、VOCs 經過複雜的物理化學反應生成的，這是二次生成，這部分生成物質也主要是人類活動污染產生的。也就是說，PM$_{2.5}$ 實際上是兩部分，一類是直接產生的，一部分是由氣態物質污染物反應生成的。我們要知道污染的來源就是要把一次生成和二次生成的物質追溯到是誰產生的，哪些污染者排放的，這是一個非常複雜的過程，我們叫源解析。只有通過源解析，我們才知道是誰排放的，貢獻量有多大，它不是直觀地可以知道污染源的排放量。比如說汽車尾氣，它對 PM$_{2.5}$ 的貢獻不是一次排放的，主要是二次生成的那部分。

〔權威解讀〕

如何看待 PM₂.₅

近些年，我們分別對北京、天津等 35 個城市開展了源解析的工作，基本弄清楚了比如說燃煤、工業排放、揚塵、機動車、秸稈焚燒等等，它們都是 PM2.5 形成的主要原因。當然這個原因還可以細分，比如說不同的工業排放量是不一樣的，鋼鐵、焦炭是不一樣的，不同的汽車也不一樣，國四、國五和老舊車、重型柴油車會相差幾十倍甚至上百倍，散煤的燃燒和電廠燃煤排放也不一樣。各地因為產業結構不一樣，生產生活條件不一樣，各個地方的污染源的來源和構成比例是有差異的，而且這個差異有時候會很大。即使在同一個城市，由於季節性的變化，這個來源也會有所變化。但是儘管有這樣一個複雜性和可變性，總的來看，我們從污染治理的政策和措施制定角度看，因為它是三到五年的時期，而且是在一個區域裡，這個成因相對來說儘管有這些變化，但它是穩定的，是清晰的，是明確的。近些年來也有一些專家從自己的研究領域和技術領域對 PM2.5 的成因給了一些新的見解，這些見解不是對源解析的否定，而是對認識的深化，從管理的角度來講，我們非常重視這些研究，對每一個嚴肅的研究，我們都認真對待。

障清潔能源發電上網，有效緩解棄水、棄風、棄光狀況。安全高效發展核電。加快秸稈綜合利用。二要全面推進污染源治理。開展重點行業污染治理專項行動。對所有重點工業污染源實行 24 小時在線監控，確保監控質量。明確排放不達標企業最後達標時限，到期不達標的堅決依法關停。三要強化機動車尾氣治理。基本淘汰黃標車，加快淘汰老舊機動車，對高排放機動車進行專項整治，鼓勵使用清潔能源汽車。提高燃油品質，在重點區域加快推廣使用

國六標準燃油。四要有效應對重污染天氣。加強對大氣污染的源解析和霧霾形成機理研究，提高應對的科學性和精準性。擴大重點區域聯防聯控範圍，強化預警和應急措施。五要嚴格環境執法和督查問責。對偷排、造假的，必須依法懲治；對執法不力、姑息縱容的，必須嚴肅追究；對空氣質量惡化、應對不力的，必須嚴格問責。治理霧霾人人有責，貴在行動、成在堅持。全社會不懈努力，藍天必定會一年比一年多起來。

強化水、土壤污染防治。今年化學需氧量、氨氮排放量要分別下降 2%。抓好重點流域、區域、海域水污染和農業面源污染防治。開展土壤污染詳查，分類制定實施治理措施。加強城鄉環境綜合整治，倡導綠色生活方式，普遍推行垃圾分類制度。培育壯大節能環保產業，發展綠色

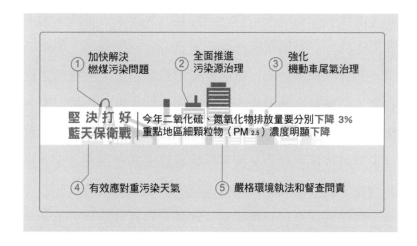

再製造和資源循環利用產業，使環境改善與經濟發展實現雙贏。

推進生態保護和建設。抓緊劃定並嚴守生態保護紅線。積極應對氣候變化。啟動森林質量提升、長江經濟帶重大生態修復、第二批山水林田湖生態保護工程試點，完成退耕還林還草 1,200 萬畝以上，加強荒漠化、石漠化治理，積累更多生態財富，構築可持續發展的綠色長城。

（八）推進以保障和改善民生為重點的社會建設。

李克強：民生是為政之要

民生是為政之要，必須時刻放在心頭、扛在肩上。在當前國內外形勢嚴峻複雜的情況下，更要優先保障和改善民生，該辦能辦的實事要竭力辦好，基本民生的底線要堅決兜牢。

大力促進就業創業。完善就業政策，加大就業培訓力度，加強對靈活就業、新就業形態的支持。今年高校畢業生 795 萬人，再創歷史新高，要實施好就業促進、創業引領、基層成長等計劃，促進多渠道就業創業。落實和完善政策，切實做好退役軍人安置工作。加大就業援助力度，扶持城鎮困難人員、殘疾人就業，確保零就業家庭至少有一人穩定就業。我們必須牢牢抓住就業這一民生之本，讓人們在勞動中創造財富，在奮鬥中實現人生價值。

辦好公平優質教育。統一城鄉義務教育學生「兩免一

補」政策，加快實現城鎮義務教育公共服務常住人口全覆蓋，持續改善薄弱學校辦學條件，擴大優質教育資源覆蓋面，不斷縮小城鄉、區域、校際辦學差距。繼續擴大重點高校面向貧困地區農村招生規模。提高博士研究生國家助學金補助標準。推進世界一流大學和一流學科建設。繼續推動部分本科高校向應用型轉變。深化高考綜合改革試點。加快發展現代職業教育。加強民族教育，辦好特殊教育、繼續教育、學前教育和老年教育。支持和規範民辦教育發展。加強教師隊伍建設。制定實施《中國教育現代化2030》。我們要發展人民滿意的教育，以教育現代化支撐國家現代化，使更多孩子成就夢想、更多家庭實現希望。

推進健康中國建設。城鄉居民醫保財政補助由每人每年 420 元提高到 450 元，同步提高個人繳費標準，擴大用藥保障範圍。在全國推進醫保信息聯網，實現異地就醫住院費用直接結算。完善大病保險制度，提高保障水平。全

《「健康中國2030」規劃綱要》全文

面啟動多種形式的醫療聯合體建設試點，三級公立醫院要全部參與並發揮引領作用，建立促進優質醫療資源上下貫通的考核和激勵機制，增強基層服務能力，方便群眾就近就醫。分級診療試點和家庭簽約服務擴大到 85% 以上地市。做好健康促進，繼續提高基本公共衛生服務經費補助

標準,加強疾病預防體系和慢性病防控體系建設。及時公開透明有效應對公共衛生事件。保護和調動醫務人員積極性。構建和諧醫患關係。適應實施全面兩孩政策,加強生育醫療保健服務。依法支持中醫藥事業發展。食品藥品安全事關人民健康,必須管得嚴而又嚴。要完善監管體制機制,充實基層監管力量,夯實各方責任,堅持源頭控制、產管並重、重典治亂,堅決把好人民群眾飲食用藥安全的每一道關口。

　　織密紮牢民生保障網。繼續提高退休人員基本養老金,確保按時足額發放。穩步提高優撫、社會救助標準,實施好臨時救助制度。調整完善自然災害生活補助機制,全部完成去年洪澇災害中倒損民房的恢復重建。加強農村留守兒童關愛保護和城鄉困境兒童保障。關心幫助軍烈屬和孤寡老人。全面落實殘疾人「兩項補貼」制度。縣級政府要建立基本生活保障協調機制,切實做好托底工作,使困難群眾心裡有溫暖、生活有奔頭。綜合運用法律、行政、經濟等手段,鍥而不捨解決好農民工工資拖欠問題,決不允許他們的辛勤付出得不到應有回報。

　　發展文化事業和文化產業。加強社會主義精神文明建設,堅持用中國夢和社會主義核心價值觀凝聚共識、匯聚力量,堅定文化自信。繁榮發展哲學社會科學和文

學藝術創作，發展新聞出版、廣播影視、檔案等事業。建設中國特色新型智庫。實施中華優秀傳統文化傳承發展工程，加強文物和非物質文化遺產保護利用。大力推動全民閱讀，加強科學普及。提高基本公共文化服務均等化水平。加快培育文化產業，加強文化市場監管，淨化網絡環境。深化中外人文交流，推動中華文化走出去。做好冬奧會、冬殘奧會籌辦工作，統籌群眾體育、競技體育、體育產業發展，廣泛開展全民健身，使更多人享受運動快樂、擁有健康體魄。人民身心健康、樂觀向上，國家必將充滿生機活力。

習近平考察冬
奧會籌辦工作

推動社會治理創新。健全基層群眾自治制度，加強城鄉社區治理。充分發揮工會、共青團、婦聯等群團組織作

名詞
解釋

殘疾人
「兩項補貼」
制度

殘疾人「兩項補貼」制度是指困難殘疾人生活補貼和重度殘疾人護理補貼制度。屬低保家庭中的殘疾人可以享受困難殘疾人生活補貼，其中殘疾等級為一級、二級且需要長期照護持續時間達六個月以上的重度殘疾人可以享受重度殘疾人護理補貼。重度殘疾人是指持有第二代《中華人民共和國殘疾人證》，殘疾程度為一級、二級的殘疾人，包括：視力殘疾中的一、二級，聽力殘疾中的一、二級，言語殘疾中的一、二級，肢體殘疾中的一、二級，智力殘疾中的一、二級，精神殘疾中的一、二級。

關於民生，總
理報告話中有
「畫」

用。改革完善社會組織管理制度，依法推進公益和慈善事
業健康發展，促進專業社會工作、志願服務發展。切實保
障婦女、兒童、老人、殘疾人合法權益。加快社會信用體
系建設。加強法治宣傳教育和法律服務。落實信訪工作責
任制，依法及時就地解決群眾合理訴求。深化平安中國建
設，健全立體化信息化社會治安防控體系，嚴厲打擊暴力
恐怖活動，依法懲治黑惡勢力犯罪、毒品犯罪和盜竊、搶
劫、電信網絡詐騙、侵犯個人信息等多發性犯罪，維護國
家安全和社會穩定。嚴格規範公正文明執法，大力整治社
會治安突出問題，全方位提高人民群眾安全感。

　　人命關天，安全至上。必須持之以恆抓好安全生產。
加強安全基礎設施建設，做好地震、氣象、測繪、地質等

工作。嚴格安全生產責任制，全面落實企業主體責任、地方屬地管理責任、部門監管責任，堅決遏制重特大事故發生，切實保障人民群眾生命財產安全。

（九）**全面加強政府自身建設。**要堅持黨的領導，牢固樹立「四個意識」，堅決維護以習近平同志為核心的黨中央權威，自覺在思想上政治上行動上同黨中央保持高度一致，加快轉變政府職能、提高行政效能，更好為人民服務。

堅持依法全面履職。各級政府及其工作人員要深入貫徹全面依法治國要求，嚴格遵守憲法，尊崇法治、敬畏法律、依法行政，建設法治政府。加大政務公開力度。堅持科學決策、民主決策、依法決策，廣泛聽取各方面意見包括批評意見。各級政府要依法接受同級人大及其常委會的監督，自覺接受人民政協的民主監督，主動接受社會和輿論監督，認真聽取人大代表、政協委員、民主黨派、工商聯、無黨派人士和各人民團體的意見。作為人民政府，所有工作都要體現人民意願、維護人民利益、接受人民監督。

張德江：集思廣益制定好民法總則

始終保持廉潔本色。要認真落實全面從嚴治黨要求，把黨風廉政建設和反腐敗工作不斷引向深入。堅決貫徹落

實黨中央八項規定精神，一以貫之糾正「四風」。加強行政監察和審計監督。保持懲治腐敗高壓態勢，聚焦重點領域，嚴肅查處侵害群眾利益的不正之風和腐敗問題。廣大公務員要持廉守正，乾乾淨淨為人民做事。

李克強：中國改革發展的巨大成就是廣大幹部群眾實幹出來的

勤勉盡責幹事創業。中國改革發展的巨大成就是廣大幹部群眾實幹出來的，再創新業績還得靠實幹。各級政府及其工作人員要幹字當頭，真抓實幹、埋頭苦幹、結合實際創造性地幹，不能簡單以會議貫徹會議、以文件落實文件，不能紙上談兵、光說不練。要充分發揮中央和地方兩個積極性，鼓勵地方因地制宜、大膽探索，競相推動科學發展。嚴格執行工作責任制，特別是對重點任務，要銬緊各方責任、層層傳導壓力，確保不折不扣落實到位。強化督查問責，嚴厲整肅庸政懶政怠政行為，堅決治理政務失信。健全激勵機制和容錯糾錯機制，給幹事者鼓勁，為擔當者撐腰。廣大幹部要主動作為、動真碰硬，與人民群眾同心協力，以實幹推動發展，以實幹贏得未來。

各位代表！

我國是統一的多民族國家。要堅持和完善民族區域自治制度，認真貫徹黨的民族政策，深入開展民族團結進步創建活動。組織好內蒙古自治區成立 70 周年慶祝活動。

加大對民族地區發展支持力度，深入實施興邊富民行動，保護和發展少數民族優秀傳統文化，扶持人口較少民族發展，推動各族人民在全面建成小康社會進程中實現共同發展繁榮。

俞正聲在西藏昌都調研

各民族和睦相處、和衷共濟、和諧發展，中華民族大家庭必將更加幸福安康。

我們要全面貫徹黨的宗教工作基本方針，依法管理宗教事務，促進宗教關係和諧，發揮宗教界人士和信教群眾在促進經濟社會發展中的積極作用。

我們要認真落實僑務政策，保障海外僑胞和歸僑僑眷合法權益，充分發揮他們的獨特優勢和重要作用，海內外中華兒女的凝聚力和向心力必將不斷增強。

各位代表！

過去一年，國防和軍隊改革取得重大突破，軍隊革命化現代化正規化建設取得新進展新成就。新的一年，我們要繼續堅持以黨在新

習近平向各戰區授予軍旗、發佈訓令

形勢下的強軍目標為引領，推進政治建軍、改革強軍、依法治軍，強化練兵備戰，堅決有效維護國家主權、安全、發展利益。堅持黨對軍隊的絕對領導，維護和貫徹軍委主席負責制。持續深化國防和軍隊改革。強化海空邊防管控，周密組織反恐維穩、國際維和、遠海護航等

重要行動。提高國防科技自主創新能力，加快現代後勤建設和裝備發展。加強全民國防教育、國防動員和後備力量建設。促進經濟建設和國防建設協調、平衡、兼容發展，深化國防科技工業體制改革，推動軍民融合深度發展。各級政府要以更加扎實有力的舉措，支持國防和軍隊改革建設，讓軍政軍民團結之樹根深、枝繁、葉茂！

各位代表！

我們要繼續全面準確貫徹「一國兩制」、「港人治港」、「澳人治澳」、高度自治的方針，嚴格依照憲法和基本法辦事，確保「一國兩制」在香港、澳門實踐不動搖、不走樣、不變形。全力支持香港、澳門特別行政區行

粵港澳大灣區城市群

政長官和政府依法施政，發展經濟、改善民生、推進民主、促進和諧。「港獨」是沒有出路的。要推動內地與港澳深化合作，研究制定粵港澳大灣區城市群發展規劃，發揮港澳獨特優勢，提升在國家經濟發展和對外開放中的地位與功能。我們對香港、澳門保持長期繁榮穩定始終充滿信心。

名詞解釋

粵港澳大灣區城市群

粵港澳大灣區城市群指的是由廣州、深圳、珠海、佛山、惠州、東莞、中山、江門、肇慶 9 市和香港、澳門兩個特別行政區形成的城市群，是中國改革開放的前沿和經濟增長的重要引擎，具備建成國際一流灣區和世界級城市群的基礎條件。

我們要深入貫徹對台工作大政方針，堅持一個中國原則，維護「九二共識」共同政治基礎，維護國家主權和領土完整，維護兩岸關係和平發展和台海和平穩定。堅決反對和遏制「台獨」分裂活動，絕不允許任何人以任何形式、任何名義把台灣從祖國分裂出去。要持續推進兩岸經濟社會融合發展，為台灣同胞尤其是青年在大陸學習、就業、創業、生活提供更多便利。兩岸同胞要共擔民族大義，堅定不移推動祖國和平統一進程，共同創造所有中國人的幸福生活和美好明天。

無人機航拍：
換個姿勢看
報告

各位代表！

面對世界政治經濟格局的深刻變化，中國將始終站在和平穩定一邊，站在公道正義一邊，做世界和平的建設者、全球發展的貢獻者、國際秩序的維護者。我們將堅定不移走和平發展道路，堅決維護多邊體制的權威性和有效性，反對各種形式的保護主義，深入參與全球治理進程，引導經濟全球化朝著更加包容互惠、公正合理的方向發展。推動構築總體穩定、均衡發展的大國關係框架，著力營造睦鄰互信、共同發展的周邊環境，全面提升同發展中國家合作水平，積極提供解決全球性和地區熱點問題的建設性方案。加快完善海外權益保護機制和能力建設。我們願與國際社會一道，致力構建以合作共贏為核心的新型國際關係，為打造人類命運共同體作出新的貢獻。

各位代表！

使命重在擔當，實幹鑄就輝煌。我們要更加緊密地團結在以習近平同志為核心的黨中央周圍，同心同德，開拓進取，努力完成今年經濟社會發展目標任務，

李克強：使命
重在擔當，實
幹鑄就輝煌

為實現「兩個一百年」宏偉目標、建設富強民主文明和諧的社會主義現代化國家、實現中華民族偉大復興的中國夢而不懈奮鬥！

李克強 2017
政府工作報告
完整視頻

李克強答記者
問完整視頻

附　錄

《報告》中的 20 個關鍵句

1 擠出更多資金用於減稅降費，
堅守節用裕民的正道

2 我們要咬定青山不放鬆，
持之以恆為群眾辦實事、解難事

3 堅持住房的居住屬性……
讓廣大人民群眾在住有所居中創造新生活

4 確保脫貧得到群眾認可、
經得起歷史檢驗

5 著力打通「最後一公里」，
堅決除煩苛之弊、施公平之策、開便利之門

6 激發和保護企業家精神，
使企業家安心經營、放心投資

加強消費者權益保護，
讓群眾花錢消費少煩心，多舒心

 政府要帶頭講誠信，決不能隨
意改變約定，決不能「新官不
理舊賬」

使城市既有「面子」、更有「裡子」

 讓科研人員不再為雜事瑣事分心勞神

使小企業鋪天蓋地、大企業頂天立地 11

 建設既有現代文明、
又具田園風光的美麗鄉村

治理霧霾人人有責，貴在行動，成在堅持。
全社會不懈努力，
藍天必定會一年比一年多起來 *13*

14 民生是為政之要，
必須時刻放在心頭、扛在肩上

辦好公平優質教育……
使更多孩子成就夢想、更多家庭實現希望 *15*

16 切實做好托底工作，
使困難群眾心裡有溫暖、生活有奔頭

鍥而不捨解決好農民工
工資拖欠問題，
決不允許他們的辛勤付出得不到應有回報 *17*

18　人民身心健康、樂觀向上，
　　國家必將充滿生機活力

廣大公務員要持廉守正，
乾乾淨淨為人民做事　19

給幹事者鼓勁，為擔當者撐腰　20

視頻索引

國家圖書館出版品預行編目（CIP）資料

圖解中國「政府工作報告」. 2017 / 李克強等
作 . -- 第一版 . -- 臺北市：風格司藝術創作坊，
2017.04
　　面；　公分
ISBN 978-986-94015-4-8(平裝)

1. 公共行政 2. 施政報告 3. 中國

575.2　　　　　　　　　　　　106006369

圖解2017中國「政府工作報告」

作　　者／李克強 等
編　　輯／苗龍
發 行 人／謝俊龍
出　　版／風格司藝術創作坊
　　　　　10671台北市大安區安居街 118 巷 17 號
　　　　　Tel：（02）8732-0530　Fax：（02）8732-0531
　　　　　http://www.clio.com.tw
總 經 銷／紅螞蟻圖書有限公司
　　　　　地址：11494台北市內湖區舊宗路二段121巷19號
　　　　　Tel：（02）2795-3656　Fax：（02）2795-4100
　　　　　http://www.e-redant.com
出版日期／2017 年 05 月　第一版第一刷
訂　　價／280 元